THÈSE POUR LE DOCTORAT

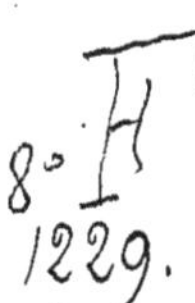

UNIVERSITÉ DE FRANCE. — ACADÉMIE DE NANCY.

DE LA

VENTE DE LA CHOSE D'AUTRUI

EN DROIT ROMAIN ET EN DROIT FRANÇAIS

THÈSE POUR LE DOCTORAT

PRÉSENTÉE

A LA FACULTÉ DE DROIT DE NANCY

PAR

Henry CASTILLARD

AVOCAT A LA COUR D'APPEL

NANCY

IMPRIMERIE ET LITHOGRAPHIE DE N. COLLIN

1879

DE LA

VENTE DE LA CHOSE D'AUTRUI

EN DROIT ROMAIN ET EN DROIT FRANÇAIS

THÈSE POUR LE DOCTORAT

PRÉSENTÉE

A LA FACULTÉ DE DROIT DE NANCY

PAR

Henry CASTILLARD

AVOCAT A LA COUR D'APPEL

L'acte public sur les matières ci-après sera présenté et soutenu
le 19 juillet 1879, à 4 heures du soir.

Président : M. A. LOMBARD, *Professeur*.

Suffragants : { MM. LEDERLIN, DUBOIS, } *Professeurs*.
{ BINET, GARNIER, MAY, } *Agrégés*.

NANCY

IMPRIMERIE ET LITHOGRAPHIE DE N. COLLIN

1879

FACULTÉ DE DROIT DE NANCY.

MM. Jalabert, ✳, I ◉,   Doyen, Professeur de Code civil (1ʳᵉ chaire) et Chargé du cours de Droit constitutionnel.

Heimburger, ✳, I ◉,   Ancien Professeur de la Faculté de Droit de Strasbourg, Professeur honoraire.

Lederlin, I ◉,   Professeur de Droit romain (2ᵉ chaire), autorisé à faire le cours de Pandectes et Chargé du cours de Droit français étudié dans ses origines féodales et coutumières.

Lombard (A.), I ◉,   Professeur de Droit commercial et Chargé du cours de Droit des gens.

Liégeois, A ◉,   Professeur de Droit administratif.

Dubois, A ◉,   Professeur de Droit romain (1ʳᵉ chaire) et Chargé du cours de Droit civil approfondi dans ses rapports avec l'enregistrement.

Blondel,   Professeur de Code civil (2ᵉ chaire) et chargé du cours d'histoire du Droit romain et du Droit français.

Binet,   Professeur de Code civil (3ᵉ chaire).

N....   Professeur de Procédure civile.

Lombard (Paul),   Agrégé, Chargé du cours de Droit criminel.

Garnier,   Agrégé, Chargé du cours d'Économie politique.

May,   Agrégé, Chargé du cours de Pandectes, autorisé à faire le cours de Droit romain (2ᵉ chaire).

M. Lachasse, A ◉,   Docteur en Droit, secrétaire, agent comptable.

MEIS

DROIT ROMAIN

CHAPITRE I.

DE LA VALIDITÉ DE LA VENTE DE LA CHOSE D'AUTRUI.

A Rome, la vente de la chose d'autrui était valable. Les textes qui nous sont parvenus ne permettent aucun doute à cet égard, et Ulpien notamment dans la loi 28 *De contrahenda emptione*, D. 18, I, s'exprime en ces termes formels : *rem alienam distrahere quem posse nulla dubitatio est.* Cette validité est donc incontestable et l'on peut dire incontestée, car on ne saurait tenir compte d'une opinion émise jadis, opinion suivant laquelle la loi 3 au Code *De rei vindicatione*, 3, 32, refuse un caractère licite à la vente de la chose d'autrui. Voici ce fragment dans sa partie intéressante : *mater tua, vel maritus fundum tuum invita, vel ignorante te vendere jure non potuit ; sed rem tuam a possessore vindicare etiam non oblato pretio poteris*. Les interprètes qui ont vu dans ce texte la négation d'une doctrine universellement admise, et qui se sont donné la peine de chercher des conciliations, n'ont certainement lu que le premier membre de phrase ; avec plus de persévérance, il leur eût été facile de saisir que l'empereur Alexandre Sévère déclare tout simplement que la vente n'est pas valable à l'encontre du propriétaire, qu'elle ne peut dépouiller celui-ci à son insu ou contre son gré, décision irréprochable s'il en fut.

SECTION I.

Motifs de cette validité.

Ulpien dans la loi 28, citée plus haut, dit que la vente de la chose d'autrui est valable par la raison toute simple que c'est une vente ordinaire, une vente comme une autre : *nam emptio est et venditio* ; mais cette raison, qui, sans doute, satisfaisait pleinement les contemporains du jurisconsulte, n'a pas de nos jours cette vertu ; elle ne suffit pas, paraît-il, à éclairer certains commentateurs, car notre siècle a vu naître des appréciations différentes sur les causes de la validité.

Les uns disent : la vente de la chose d'autrui était valable, parce qu'à Rome le vendeur n'était pas obligé de transmettre la propriété à l'acheteur (Duvergier, Troplong).

Les autres soutiennent qu'elle était valable, parce qu'à Rome la vente n'engendrait que des obligations.

Où est la vérité ?

Avant de nous prononcer et pour juger en connaissance de cause, nous allons étudier chacun des deux principes invoqués comme générateurs de la validité en question. En effet, si nous n'avons pas à faire ici la théorie de l'*emptio venditio*, nous devons au moins en établir les règles fondamentales, qui offrent pour notre sujet un intérêt manifeste ; or, les principes qui nous occupent ont une importance capitale, car, disons le de suite, ils distinguent et séparent radicalement la vente romaine de notre vente moderne.

Premier principe. — Le vendeur n'est pas obligé de transférer la propriété.

Cette proposition, qui, de nos jours, peut paraître étrange, est cependant parfaitement exacte et il n'est pas difficile d'en administrer la preuve.

Justinien nous dit : *obligatus est venditor ut prœstet licere habere.*

Dans la loi 30, *De actionibus empti et venditi*, D. 19, I, Africain est encore plus explicite quand il déclare que le vendeur est tenu seulement dans cette limite *ut rem emptori habere liceat, non etiam ut ejus faciat.*

Enfin Ulpien dit très-nettement : *qui vendidit necesse non habet fundum emptoris facere* (loi 25, § I, De contrahenda emptione, D. 18, I).

D'ailleurs, les Romains avaient pour rendre cette idée une expression spéciale ; ils appellent cela livrer la *vacua possessio* ; ils disent que le vendeur ne doit que la *vacua possessio* ; et la *vacua possessio* c'est la possession non troublée, c'est la possession qui ne peut pas être ravie par la voie d'un interdit, c'est la possession civile et à titre de propriétaire, mais ce n'est pas la propriété (loi 11, § 13, D. 19, I).

Comment les Romains furent-ils amenés à imaginer et à proclamer ce principe ? Nous ne reproduirons pas ici toutes les opinions fantaisistes qui ont été émises. Malgré les origines fàcheuses de la cité unique (*Urbs*) entachées, paraît-il, de brigandage ; malgré la singulière façon dont les Quirites pratiquaient les relations internationales, nous ne dirons pas qu'ils étaient complètement réfractaires au respect de la propriété, qu'il entrait dans leurs mœurs et celles de leurs descendants, de trafiquer sans pudeur de la chose d'autrui ; nous sommes en mesure de présenter une solution plus sérieuse de cette intéressante énigme.

A Rome, dans les premiers siècles surtout, les mutations de propriété ne se constataient pas par écrit, les *instrumenta* étaient peu usités, le *dominus*, pour prouver son droit, était obligé de recourir au témoignage, preuve doublement périssable, car les hommes sont destinés à disparaître, et alors même qu'ils existent leurs souvenirs sont fugitifs « *memoria hominum est labilis.* » En second lieu, les Patriciens s'emparaient des territoires conquis, comme le prouvent les revendications tumultueuses, mais légitimes, soulevées par les Gracques ; ils ne se faisaient aucun scrupule de vendre des fonds qui ne leur appartenaient pas, de sorte qu'une foule d'acquéreurs étaient absolument incapables d'établir la propriété de leurs auteurs. Et que l'on ne dise pas que cette avidité de la caste patricienne constituait un mal passager impropre à exercer sur le droit civil une influence appréciable ; l'histoire des lois agraires est là pour démentir une telle proposition ; la loi à laquelle Licinius Stolo donna son nom date de l'an 387 (*lex Licinia agraria*), et c'est trois siècles plus tard, que les Gracques perdirent la vie dans les revendications populaires qualifiées de séditions. Or, dans un Etat où le propriétaire le plus légitime ne pouvait exhiber un titre pour justifier de ses droits, dans un Etat où des milliers de possesseurs auraient été fort embarrassés de produire même un témoin sincère, dans un Etat où malgré le court délai de l'usucapion la plus grande incertitude régnait sur la propriété, imposer au vendeur l'obligation de transférer le *dominium* c'eût été faire de la vente un contrat gros de périls et de difficultés, c'eût été en faire une source intarissable de procès, et en fin de compte frapper de mort les transactions commerciales. Il fallut donc, dans l'intérêt des particuliers ,ainsi que dans l'intérêt public, qui en est inséparable, limiter l'obligation du *venditor* à la prestation de la *vacua possessio* (*præstare rem emptori habere licere*), ce

qui signifie tout simplement que le vendeur en butte
aux réclamations de l'acheteur qui vient lui dire :
« la chose que vous m'avez livrée appartient à telle
personne, vous ne m'avez pas rendu propriétaire,
indemnisez-moi » peut répondre à ce dernier « vous
possédez, vous jouissez librement, eh bien, tant
qu'il en sera ainsi, vous n'avez rien à réclamer. »
C'est la même idée que l'on exprime sous une autre
forme, lorsqu'on dit : le recours ne peut précéder
l'éviction, ou plus brièvement, le recours suit
l'éviction.

Ce système, il est vrai, a l'inconvénient d'obliger l'acheteur à garder une chose qu'il soupçonne
devoir lui être prochainement ravie, mais il fallait
à tout prix trancher la difficulté et entre deux
maux choisir le moindre.

D'ailleurs, hâtons-nous de le dire, le vendeur de
bonne foi, était seul admis à tenir le langage que
nous lui avons prêté plus haut ; il fallait qu'en
vendant et en faisant tradition il se fût sincère-
ment cru propriétaire et en position, par conséquent, de transférer le *dominium* (loi 30, § 1, D.
19. 1) ; celui qui avait su que la chose ne lui
appartenait pas était immédiatement soumis au
recours de l'acheteur qu'il avait trompé.

Il ne faut donc pas s'exagérer la portée pratique
du principe qui nous occupe en ce moment ; sans
doute, le transfert de la propriété n'était pas imposé au vendeur comme obligation principale et
distincte, mais la vente n'en avait pas moins pour
but ce transfert (loi 80, § 3, D. 18, 1) et si Africain,

Ulpien, ainsi que d'autres, déclarent qu'il suffit que le vendeur fournisse la libre possession (*præstare vacuam possessionem*; *rem habere licere*), cette manière de s'exprimer, encore une fois, revient et se réduit à dire que celui-ci, lorsqu'il a livré de bonne foi, c'est-à-dire se croyant *dominus*, ne peut être inquiété et actionné en dommages-intérêts par l'acheteur non troublé dans sa possession qui prétend ne pas avoir été rendu propriétaire (loi 3, C. 8, 45).

Sous les Empereurs, l'emploi des *instrumenta* finit par pénétrer peu à peu dans la pratique des affaires ; néanmoins les titres ne furent pas, comme de nos jours, d'un usage constant, et la propriété immobilière n'offrit jamais le caractère de stabilité et de notoriété qu'elle présente aujourd'hui ; il n'est donc pas étonnant que le principe en question ait survécu à bien des réformes, surtout si l'on songe qu'il était favorable et presque nécessaire au négoce des choses mobilières, en l'absence de la règle « en fait de meubles possession vaut titre » qui, nous le savons, n'existait pas dans la législation romaine.

M. Maynz (Cours de droit romain, § 212) dit que si les Romains n'ont pas déclaré le vendeur obligé de transférer la propriété, c'est parce que les étrangers ne pouvaient acquérir, et à plus forte raison transmettre le *dominium ex jure Quiritium*, et qu'en imposant au vendeur l'obligation de *dare rem*, on les eût tous exclus du commerce. « Pour éviter, dit le savant auteur, cette conséquence inadmissible, surtout à l'égard de notre contrat, qui, plus que tout autre, participe du *jus gentium*, il était nécessaire de borner les obligations du vendeur à la tradition de la chose, sauf à ajouter à cette simple remise matérielle toutes les garanties que la matière comportait. Entre citoyens, rien n'empêchait les parties de convenir que la tradition serait précédée, accompagnée ou suivie de la mancipation. » De cet exposé, il résulte qu'à l'avis de M. Maynz : 1° l'incapacité des étrangers est la seule cause de notre règle ; 2° la signification et la portée de cette règle sont que la vente romaine est un contrat en vertu duquel on doit seulement, même entre citoyens, la remise matérielle, la tradition, de la chose vendue, sans recourir pour les *res mancipi* à la mancipation ou à l'*in jure cessio*. Or, ces deux propositions, dont la seconde est une conséquence de l'autre, nous paraissent également inexactes.

Avec la meilleure volonté, nous ne pouvons voir dans l'incapacité des pérégrins, la véritable cause qui a forcé les Romains à décider que le vendeur serait seulement tenu de *præstare ut rem emptori habere liceat* ; plusieurs considérations rendent notre esprit rebelle à cette manière de voir. D'abord, il n'entrait guère dans les mœurs de ce peuple inhospitalier d'organiser son droit civil en vue des étrangers. Ensuite, l'incapacité en question n'était pas de nature à compromettre les intérêts commerciaux de Rome ; car, d'une part, nous sommes autorisé à conclure de certains textes (*Fragmenta vaticana*, § 47. — *Ulpiani fragmenta* I, § 16), que les meubles qualifiés *res mancipi* dépouillaient leur caractère à l'égard des pérégrins, ce qui signifie, dit M. Accarias, que les modes du droit des gens leur suffisaient pour en acquérir et en transférer la propriété romaine (Précis de droit romain n° 210) ; d'autre part, les étrangers étaient tout aussi aptes que les citoyens à posséder les fonds provinciaux ; il n'y avait donc en définitive, que les immeubles italiques dont le *dominium* était inaccessible pour eux et nous doutons que cet état de choses ait eu sur le négoce une influence assez désastreuse pour amener le législateur à imaginer une règle évidemment contraire à l'idée naturelle d'acquisition et surtout à la rendre applicable, comme le prétend M. Maynz, entre les citoyens eux-mèmes, c'est-à-dire entre personnes à l'égard desquelles elle n'a pas de raison d'être en vertu du motif indiqué.

Au reste, si cette règle avait été réellement enfantée par l'inaptitude des étrangers à participer aux modes d'acquisition du droit civil et à être investis de la propriété quiritaire, la logique eût ordonné de la faire disparaître avec ces vestiges barbares de l'ancien droit ; or, on ne l'a pas fait.

Mais le défaut capital du système qui se base sur l'incapacité des pérégrins, c'est d'entraîner comme conséquence cette doctrine que l'*emptio venditio* est un contrat en vertu duquel la chose *mancipi* comme la chose *nec mancipi* est l'objet d'une simple tradition, alors même que les contractants sont tous deux citoyens, alors même que le vendeur possède le *dominium ex jure Quiritium*, et que l'acheteur, jouissant du *jus commercii*, est

capable de l'acquérir. Quant à nous, partant de
l'idée que le vendeur doit la *vacua possessio* seulement, en ce sens que l'acheteur ne peut recourir
contre son auteur de bonne foi, tant qu'il n'est pas
troublé dans sa possession, nous disons, au contraire : la vente romaine est un contrat qui impose
au vendeur le devoir de remplir toutes les formalités propres à rendre l'acheteur *dominus* pour le
cas où lui-même le serait réellement, ce qui emporte, lorsqu'il s'agit d'une *res mancipi* vendue
entre citoyens, l'obligation de la manciper ou de la
céder *in jure*, sans qu'il soit nécessaire de faire
intervenir une convention spéciale et nous ap-
puyons cette opinion sur des textes. Paul I, 13 A,
§ 4, nous dit : *si id quod emptum est neque tra-*
datur, neque mancipetur, venditor cogi potest ut
tradat aut mancipet. En outre, Gaïus (Commentaire IV, § 131) montre l'acheteur d'un fonds poursuivant la mancipation de ce fonds par l'action
ex empto. Pour combattre les conséquences qui
ressortent de ce dernier texte, on a dit que Gaïus
s'était placé dans l'hypothèse particulière où le
vendeur, par un pacte adjoint, s'est spécialement
obligé au transfert de la propriété, mais cette
assertion ne repose sur aucune preuve ; dès lors, il
nous est permis de passer outre, et nous le faisons
avec d'autant plus de confiance qu'il est difficile
de concevoir dans ce contrat éminemment de bonne
foi (*purgari dolo malo*) qu'un vendeur détenteur
du *jus Quiritium*, après avoir contracté avec une
personne capable d'en être investie, puisse le rete-

nir (*nudum*) sous le prétexte qu'il n'a pas été expressément promis, et que si l'acheteur, au lieu d'être un *civis*, se trouvait être un *peregrinus*, il ne pourrait pas le lui conférer.

Enfin, il est certain que l'acheteur qui s'apercevait qu'on lui avait livré la chose d'autrui n'était pas autorisé à recourir contre son vendeur tant qu'il possédait librement. Or, ce point de droit reste inexpliqué dans la théorie de M. Maynz, car si en réalité l'obligation du vendeur avait été bornée à la prestation de la *vacua possessio*, en ce sens qu'il suffisait de *tradere* dans tous les cas et indépendamment de la qualité juridique, de l'objet de la vente, ce ne serait évidemment pas une raison pour que celui qui a reçu une chose appartenant à un tiers, susceptible par conséquent d'être revendiquée d'un moment à l'autre, soit condamné à la garder sans se plaindre et à rester sous une menace permanente d'éviction.

Les explications qui précèdent nous permettent d'aborder maintenant et de mettre en présence deux textes dont le rapprochement ne laisse pas que d'embarrasser et de plonger dans un profond étonnement les esprits qui n'y sont pas préparés. Il s'agit de la loi 80, § 3, D. 18, I : « *Nemo potest videri eam rem vendidisse de cujus dominio id agitur ne ad emptorem transeat, sed hoc aut locatio est aut alius genus contractus* », et de la loi 16, D. 12, 4 : « *Dedi tibi pecuniam ut mihi Stichum dares, utrum id contractus genus pro portione emptionis et venditionis est ? an nulla hic alia obli-*

gatio est quam ob rem dati re non secuta ? In quod proclivior sum.... » L'une de ces lois dit que s'il est convenu que la propriété de la chose ne sera pas transférée à la partie prenante, le contrat n'est pas une vente. L'autre déclare que s'il est convenu que la propriété sera transférée, le contrat cesse encore d'être une vente. Comment dissiper cette apparente contradiction entre Labéon et Celse, contradiction d'autant plus surprenante que ce dernier était un disciple du premier ? Quand on veut se donner la peine de réfléchir, elle disparaît rapidement. Puisque la vente est un contrat dans lequel le vendeur n'est pas tenu de transférer la propriété à condition de bonne foi, mais dont le but est, en définitive, ce transfert, lorsque les parties conviennent que le *dominium* sera transféré, l'obligation est plus étroite que dans la vente, car le vendeur pourra être poursuivi avant toute éviction ; et lorsqu'elles conviennent qu'il ne le sera pas, la nature du contrat de vente est méconnue et abandonnée. Ainsi, le contrat où il est expressément stipulé que l'acheteur sera investi de la propriété, n'est pas une véritable vente.

Toutefois, nous devons le dire, un texte de Paul semble contrarier notre doctrine. C'est la loi 51, § 1, D. 19, 5 : *Et si quidem pecuniam dem ut rem accipiam, emptio et venditio est : sin autem rem do ut rem accipiam, quia non placet permutationem rerum emptionem esse, dubium non est nasci civilem obligationem.* — Comme il est facile de s'en convaincre par la lecture du texte, il n'a pas la portée qu'on voudrait lui donner. Le jurisconsulte a bien moins l'intention de dire qu'il y a vente, lors même que le vendeur s'obligerait au transfert de la propriété, que celle d'enseigner que la vente se distingue de l'échange par la dation d'une somme d'argent. Du reste, à Paul nous opposerons Paul lui-même. Ce prudent nous dit dans la loi 1 pr. 19, 4, qu'il suffit au vendeur de livrer la possession (*vacuam*). Eh bien, si c'est là que se borne son obligation, il n'est pas nécessaire d'être jurisconsulte romain pour décider que quand le contrat impose formellemet la translation du *dominium*, les règles ordinaires de la vente sont modifiées ; il n'y a plus à vrai dire *emptio venditio*. Nous avons donc de notre côté le fragment de Celse et le vulgaire bon sens, ce qui nous paraît suffisant.

Deuxième principe. — La vente n'engendre que des obligations.

Il est constant qu'en droit romain la seule convention a toujours été impuissante à opérer le transfert de la propriété : *Non nudis pactis dominia rerum transferuntur*, dit la loi 20 au Code 2, 3. Cette idée que le simple accord de deux volontés ne saurait transporter le *dominium* d'une personne à une autre n'a pas lieu de nous étonner de la part des Quirites, des hommes à la lance. En effet, chez tous les peuples primitifs et guerriers, le droit est matérialisé, ce n'est pas l'esprit, la volonté, l'intention que l'on considère, on ne s'en rapporte qu'à la forme extérieure et sensible. En

ce qui les concerne, les Romains n'ont fait que sui
vre les errements de tous les peuples non civilisés.
Ils tenaient de la violence tout ce qu'il possédaient,
aussi ne pouvaient-ils s'imaginer le transfert de la
propriété en dehors d'un contact matériel avec la
chose, condition qu'un simple contrat n'était pas
de nature à remplir. De là la nécessité de la tradition, et même pour certaines choses particulièrement précieuses, désignées sous le nom de *res
mancipi* (fonds de terre, esclaves, etc.), on n'admit
que des modes solennels de transmission parmi
lesquels la mancipation (*manu capere*) présente le
type le plus caractéristique du droit quiritaire.
D'ailleurs, à l'origine de Rome, on ne connaissait
seulement pas le moyen de se lier, de s'obliger,
par l'accord des volontés ; la vente primitive, qui
s'appelait *venumdatio*, ne consistait que dans des
dations réciproquement effectuées, dans des faits
accomplis. C'est plus tard que l'on reconnut, sous
le nom de *lex mancipii*, le caractère obligatoire de
l'engagement pris lors de la mancipation « *Cum
nexum faciet mancipiumque uti linqua nuncu-
passit ita jus esto.* »

Puis enfin naquit *l'emptio venditio* lorsque le
droit quiritaire accordant au consentement le pouvoir d'obliger dans certains cas déterminés voulut
bien sanctionner quatre conventions de choix
rangées par les interprètes sous le nom de contrats
consensuels (vente, louage, mandat, société). Pendant longtemps la mancipation avec sa *lex mancipii* et *l'emptio venditio* existèrent concurremment,

il y avait donc pour ainsi dire deux sortes de vente à une certaine époque (M. Maynz, cours de droit romain, § 212) ; mais la première finit par tomber dans un juste abandon, et c’est de la seconde seulement que nous avons l’intention de nous occuper.

Avec les siècles, les idées romaines se spiritualisèrent dans une certaine mesure, mais le principe que les conventions en général, et la vente en particulier, ne peuvent à elles seules déplacer la propriété, demeura inébranlé au milieu des ruines de l’ancien droit civil. Quoique ce ne fut là qu’un préjugé quelque peu grossier, ce préjugé survécut à l’empire romain ; après s’être retrempé sans doute dans les invasions des barbares, il s’imposa à l’esprit de nos ancêtres, et, comme nous le verrons bientôt, ne disparut avec beaucoup d’autres qu’à la fin du dix-huitième siècle.

Maintenant que nous sommes fixés sur la nature de ces principes célèbres entre tous, auquel attribuerons-nous le caractère licite de la vente de la chose d’autrui ?

Assurément, ce n’est pas au premier. De la loi 30, § 1, D. 19, 1, il ressort très-positivement que la vente est valable, en ce sens que le vendeur est obligé, dans le cas où ce vendeur ne peut, à cause de sa mauvaise foi, invoquer la règle d’après laquelle la translation de, propriété n’est pas obligatoire ; ce n’est donc pas cette règle qui engendre la validité contractuelle de la vente de la chose d'autrui.

Du reste, dans une stipulation, le promettant s'oblige au transfert de la propriété (loi 25, D. 18, 1), et pourtant la promesse de la chose d'autrui est tout aussi valable que la vente *alienæ rei*.

La validité de la vente de la chose d'autrui tenait uniquement à notre second principe, à ce seul motif que les contrats en droit romain opèrent des obligations seulement, et que, par conséquent, rien ne rend nécessaire pour qu'ils existent que le promettant ait déjà en son pouvoir la chose au sujet de laquelle il s'engage.

Du moment que *vendere* ne signifiait pas *aliéner*, mais *s'obliger à fournir*, il est évident que l'on pouvait vendre une chose qui appartenait à un tiers, car il était possible de la fournir à l'acheteur au moyen d'un arrangement subséquent avec ce tiers, et notamment au moyen d'un achat.

L'importance de l'entente avec le propriétaire n'échappera d'ailleurs à personne, car la vente qui était valable *inter partes*, comme obligation de faire, était à l'égard du maître *res inter alios acta* et elle n'avait évidemment pas pour effet de le dépouiller contre son gré ; il conservait donc tant qu'il n'avait pas cédé ses droits et que l'usucapion n'était pas accomplie, le pouvoir de la revendiquer dans les mains de l'acheteur ; nous reviendrons du reste sur ce sujet dans un autre chapitre.

Ainsi la vente de la chose d'autrui était valable à Rome, parce que le vendeur s'obligeait seulement à fournir, et que l'on peut s'obliger à fournir une chose alors même qu'elle ne vous appartient pas au moment du contrat, vu la possibilité de se la procurer ensuite pour exécuter l'engagement. Il est vrai que le propriétaire sollicité par le vendeur de se dessaisir de sa chose n'était pas forcé de la céder ; mais son refus n'avait certainement pas pour effet de rendre nulle une obligation valable *ab initio*, il ne pouvait avoir pour conséquence que de faire aboutir l'obligation du vendeur au paiement d'une certaine somme représentative des dommages subis par l'acheteur.

D'ailleurs, remarquons le bien, la validité du contrat eût été la même si l'obligation résultant de la vente romaine eût porté formellement sur la translation de propriété, car cette translation était possible au moyen du procédé déjà indiqué, un achat fait, avant la tradition, au véritable proprié-taire, ou l'obtention de son consentement à faire lui-même, soit la tradition, soit la mancipation suivant les circonstances.

Au surplus, nous ferons une observation impor-tante : puisque vendre une chose, c'était, alors même qu'elle appartenait au vendeur, non pas l'aliéner, mais s'engager à la fournir, il est clair que le jeu de la vente romaine n'avait pas besoin d'être modifié pour le cas où la chose appartenait à un tiers ; en d'autre termes, il est évident que la vente de la chose d'autrui, n'était pas une vente d'une nature particulière et distincte, mais qu'elle s'encadrait dans la vente ordinaire, ou plutôt que c'était une vente ordinaire. Cette idée est celle qu'a voulu exprimer Ulpien lorsqu'il a dit dans la loi

28 déjà citée : on peut certainement vendre la chose d'autrui « *nam emptio est et venditio.* »

Enfin, de ce que le vendeur ne faisait que s'obliger à fournir, soit que la chose lui appartînt, soit qu'elle appartînt à un autre, il résultait : 1° que la déclaration par laquelle il présentait l'objet de la vente comme lui appartenant ou comme appartenant à un tiers ne changeait pas la nature du contrat, contrairement à ce qui se produit dans notre droit actuel ; 2° que cette déclaration, qui pouvait influer sur la bonne foi avec laquelle l'acheteur recevait ensuite une prestation *à non domino* (voir chapitre II, section I) ne jouait, quant à la formation du contrat. qu'un rôle accessoire et n'empêchait pas la vente d'être valable lorsqu'elle se trouvait contraire à la réalité. Exemple : Primus veut vendre à Secundus le fonds A qui appartient à Tertius et il lui dit : je te vends (lisez : je m'oblige à te fournir) le fonds A qui m'appartient. Il est certain que Primus sera obligé, malgré l'inexactitude de sa déclaration ; car, d'une part, la fausse déclaration ne rend pas impossible la prestation promise, d'autre part cette déclaration émane d'une erreur, ou d'une intention de tromper, or l'erreur est dans ce cas une faute, l'intention de tromper est un dol, et il est de règle constante qu'un contractant ne peut invoquer ni son dol, ni sa faute, pour prétendre qu'il n'est pas obligé.

Ainsi, et en résumé, la vente de la chose d'autrui était une vente ordinaire et l'on peut poser en principe qu'elle était valable dans tous les cas.

SECTION II.

Exceptions à la validité de la vente de la chose d'autrui.

La règle que nous venons de formuler subit le sort commun, elle comporte des exceptions.

Ces exceptions se présentent dans la vente de la chose volée (*emptio venditio rei furtivæ*) et dans la vente de la chose appartenant à l'acheteur (*emptio venditio rei emptoris*).

§ I. — *Vente de la chose volée.*

Nous avons sur la validité de la vente d'une chose volée un texte important : c'est la loi 34, § 3, D. 18, I : *Si et emptor et venditor scit furtivum esse quod venit a neutra parte obligatio contrahitur. Si emptor solus scit non obligabitur venditor ; nec tamen ex vendito quidquam consequitur nisi ultro quod convenerit præstet. Quod si venditor scit, emptor ignoravit utrimque obligatio contrahitur.* Dans ce fragment Paul n'envisage que trois des hypothèses qui peuvent se présenter, en les examinant nous en ajouterons une quatrième.

Première hypothèse. — Le vendeur et l'acheteur avaient tous deux connaissance du vol : dans ce cas, *a neutra parte obligatio contrahitur*, nous dit Paul, l'acheteur n'a pas d'action pour se faire livrer la chose, le vendeur n'en a pas pour réclamer le prix, en un mot, la vente est nulle. Cette décision, dont le but est apparent, nous paraît for-

mulée d'une manière trop générale et trop absolue ;
d'après ses termes, il suffirait que les contractants
eussent tous deux connaissance du vol pour que la
vente d'une chose volée soit dans tous les cas et
invariablement nulle ; or, nous ne voyons pas pour
quelle raison on annulerait une vente dans laquelle
les parties ont entendu que le vice serait purgé au
moyen d'un arrangement avec le propriétaire. Le
contrat que Paul déclare nul ne peut donc être que
celui dans lequel des personnes de mauvaise foi ont
entendu que la chose serait livrée à l'insu du *dominus,* et le jurisconsulte a eu pour but de frapper
au nom de la morale et de l'intérêt public le trafic
des recéleurs.

Deuxième hypothèse. — L'acheteur avait connaissance du vol, le vendeur l'ignorait ; dans ce
cas Paul décide que le vendeur ne sera pas obligé,
donc l'acheteur le sera. Ainsi le vendeur de bonne
foi, pourra, à condition de livrer la chose, exiger
leprix ; l'acheteur, au contraire, ne pourra pas, alors
même qu'il offrirait de payer le prix, exiger de la
part du vendeur l'accomplissement des obligations
qui incombent à un *venditor,* parce que cet accomplissement entraînerait ce dernier à purger le vice
ou à payer des dommages-intérêts, résultat qui
serait peu équitable, puisqu'il se produirait en faveur d'une personne de mauvaise foi qui s'est bien
gardée d'avertir le vendeur.

Troisième hypothèse. — Le vendeur connaissait
l'origine délictueuse de la chose, l'acheteur, au contraire, était dans l'ignorance à cet égard ; en pareille

occurrence, la vente est entièrement valable, les deux parties sont obligées, car l'acheteur de bonne foi, qui a compté sur l'acquisition de la chose, doit avoir la même situation que dans la vente ordinaire de la chose d'autrui ; il pourra donc, quand le vol sera établi, forcer le vendeur à purger le vice pour lui procurer la libre possession de la chose, ou faute de ce faire, à payer des dommages-intérêts.

Quatrième hypothèse. — Le vendeur et l'acheteur ont tous deux contracté dans l'ignorance du vol : cette hypothèse n'a pas été prévue par Paul, mais le doute n'est guère possible, et tout le monde s'accorde à dire que dans cette espèce, comme dans la précédente, la vente est valable et que les deux parties sont obligées. En effet, du moment que l'acheteur est de bonne foi, il importe peu que le vendeur connaisse le vol ou ne le connaisse pas ; alors même qu'il ne le connaît pas, il est en faute au regard de l'acheteur, et ce dernier, qui a légitimement compté sur la chose, ne doit pas être frustré dans son attente.

Ainsi donc la vente de la chose volée ne fait exception à la validité de la vente de la chose d'autrui que dans deux cas ; celui où les deux contractants étaient de mauvaise foi ; celui où l'acheteur seul avait connaissance du vol ; à part ces exceptions, la *venditio rei furtivæ* oblige de part et d'autre, ce qui la distingue de la vente d'une chose hors du commerce, laquelle est toujours nulle et ne produit pour aucune des parties les obligations résultant du contrat de vente. Cependant une opinion con-

traire est soutenue par certains auteurs ; d'après
eux, la vente d'une chose hors du commerce est
valable quand l'acheteur ignorant sa nature a été
trompé, et ce qui le prouve, disent-ils, c'est que
plusieurs textes accordent alors à ce contractant
déçu l'action *ex empto* (loi 62, § 1 ; loi 70 ; loi 4 à
6 pr. D. 18, 1). Nous ne pouvons admettre cette
manière de voir, parce qu'elle renferme la négation du principe rationnel et fondamental d'après
lequel une prestation impossible ne saurait être
l'objet d'une obligation. La vente d'une chose hors
du commerce ne peut faire naître aucun lien contractuel, elle ne peut que constituer un fait
dommageable à l'égard de l'acheteur trompé dans
son attente, et si la jurisprudence romaine aban-
donnant une logique rigoureuse, donnait l'action
ex empto pour la réparation de ce fait, c'est qu'en
somme le dommage avait été éprouvé à l'occasion
d'une convention de vente, circonstance qui lui
avait paru justifier dans une certaine mesure l'emploi de l'action précitée.

§ II. — *Vente de la chose appartenant à l'acheteur.*

Les Romains déclaraient nul le contrat par lequel
on vend à un acheteur sa propre chose (*emptio
venditio rei emptoris*). D'ailleurs, cette exception à
la validité de la vente de la chose d'autrui n'est
que parfaitement rationnelle. En effet, si la vente
à Rome ne transférait pas le *dominium* par elle-
même, il n'est pas moins vrai qu'elle était une

causa transferendi dominii, et qu'en définitive on l'employait à ce titre ; or, lorsqu'une personne désireuse d'acquérir la propriété d'une certaine chose, contractait à cet effet un achat, qu'arrivait-il si à son insu cette chose se trouvait déjà lui appartenir ? Comme on ne peut avoir deux droits de propriété sur un même objet, il arrivait que l'obligation de l'acheteur manquait de cause, que celle du vendeur avait pour objet une prestation impossible et qu'il était par conséquent logique de déclarer le contrat nul. De ce que le contrat était nul, il résultait que l'acheteur n'était pas obligé de payer son prix et que, si persévérant dans son ignorance il l'avait payé, la *condictio indebiti* lui était ouverte pour en poursuivre le remboursement.

Voilà ce qui se produisait quand une personne achetait pour que la tradition consécutive à la vente lui fît passer le *dominium* qui lui appartenait déjà ; mais quand elle achetait pour que la tradition lui fît passer la possession de sa chose, possession dont elle était privée pour une raison quelconque, l'obligation ayant alors une cause et un objet dont la prestation était possible, le même motif de nullité n'existait plus et la vente était considérée comme valable par les jurisconsultes romains, par Paul notamment, qui, dans la loi 34, § 4, D. 18, 1, nous dit : *rei suæ emptio tunc valet, cum ab initio agatur ut possessionem emas, quam forte venditor habuit.*

En second lieu, nous trouvons au Code un texte

duquel il ressort que l'achat de sa propre chose peut être valable quand cet achat a pour but de mettre le titre de propriété de l'acheteur à l'abri d'une action en nullité qui le menace. Ce texte c'est la loi 4 au Code 4, 38, et l'exemple cité est celui d'un donataire qui, menacé de la *querela inofficiosæ donationis* par le fils de la donatrice, lui achète les biens dont il avait été rendu propriétaire par la donation.

Enfin, on pouvait acheter sa propre chose pour le cas où l'on viendrait à cesser d'en être propriétaire. Cette condition validait évidemment la vente, et il est probable qu'on la sous-entendait sans difficulté quand un *dominus*, sous condition résolutoire, achetait sa chose à la personne que l'événement de la condition devait rendre propriétaire à sa place. En ce sens, nous citerons la loi 61, D. 18, 1.

La jurisprudence romaine validait donc l'achat de sa propre chose fait par un *dominus* qui, n'ayant que des droits incomplets, annulables ou résolubles, achetait, afin de les compléter, de les affermir, ou de les perpétuer. Ainsi, avant de se prononcer sur la validité de la vente *rei emptoris*, il fallait considérer quelle avait été l'intention de l'acheteur, et Pomponius s'exprime dans des termes trop absolus quand il dit dans la loi 16, pr. D. 18, 1, *suæ rei emptio non valet sive sciens, sive ignorans emi;* car, s'il est vrai que la vente est toujours nulle quand l'acheteur a ignoré que la chose lui appartenait, parce que dans l'espèce il a évidemment voulu purement et simplement le *dominium* qu'il avait déjà, il n'est pas vrai qu'elle le soit toujours quand il se savait propriétaire, car alors il a pu vouloir compléter ses droits, ainsi que nous l'avons vu, et acquérir par exemple la possession, intention qui valide le contrat aux termes de la loi 34, § 4, ci-dessus reproduite.

Pomponius, dans la loi 16, est plus exact quand il dit ensuite : *sed si ignorans emi, quod solvero repetere potero.* En effet, en disant que celui qui a contracté dans l'ignorance de son droit de propriété est admis à intenter la *condictio indebiti* pour se faire rembourser son prix, il décide par *a contrario* que l'acheteur *sciens* n'a aucun droit à cette action, proposition qui est parfaitement juste. La personne qui a acheté sciemment sa propre chose n'est pas admise à réclamer le prix qu'elle a versé, parce que, de deux choses l'une, ou elle a voulu compléter ses droits, et dans ce cas le contrat étant valable le paiement l'est aussi, ou elle a voulu faire une libéralité, auquel cas il n'y a pas davantage paiement de l'indu. On peut cependant imaginer une troisième hypothèse, celle ou l'acheteur *sciens* a payé, croyant par erreur de droit qu'il était obligé ; dans cette hypothèse, comme dans les précédentes, la *condictio indebiti* était refusée à ce payeur quelque peu naïf, car on ne l'accordait que pour les erreurs de fait et non pour les erreurs de droit. Cette doctrine sur l'erreur n'est peut-être pas bien établie en ce qui concerne l'époque classique, mais elle est incontestablement vraie pour une époque plus récente et nous citerons à l'appui de cette opinion la loi 10, C. 1, 18. Ce texte est formulé dans des termes qui ne permettent aucun doute.

jusqu'ici nous avons raisonné dans l'hypothèse où la chose appartenait tout entière à l'acheteur ; mais il pouvait arriver qu'elle ne lui appartînt que pour partie; dans ce cas que se passait-il ? La vente était valable pour la partie qui ne lui appartenait pas et le prix de vente était proportionnellement diminué quand on s'apercevait de l'erreur. Cette manière de voir, qui semble équitable, est exposée par Pomponius dans la loi 18 pr. D. 18, 1.

Il peut arriver aussi qu'une personne ignorant qu'une certaine chose lui est léguée sous condition, achète cette chose à l'héritier *pendente conditione*. On ne saurait dire dans cette espèce, qui est prévue par la loi 29 D. 19, 1, que l'acheteur achète sa propre chose, la vente est donc valable et comme telle elle lui procure, si la condition vient à défaillir, une chose qu'il n'aurait pas eu sans elle. Que si, au contraire, la condition se réalise, alors Julien décide que l'acheteur-légataire a l'action *ex empto* pour réclamer le prix versé, car il ne possède pas l'objet du legs *ex causâ legati*, et si les choses en restaient là, il ne profiterait pas de la libéralité. Ici se place une observation bien connue, c'est que l'acheteur-légataire qui réclame son prix pour bénéficier de la libéralité testamentaire, semble agir en qualité de légataire, et que dès lors c'est l'action *ex testamento* qui devrait lui être accordée au lieu de l'action *ex empto*. A cela on répond que l'on pouvait aussi considérer le plaideur en question comme agissant à titre d'acheteur, et que c'est à ce point de vue que Julien s'est placé. En effet, disent les partisans de cette idée, lorsqu'une chose est léguée sous condition, l'héritier en demeure néanmoins propriétaire, mais sa propriété est résoluble ; lors donc qu'il vend l'objet du legs conditionnel, il ne communique à l'acheteur qu'une propriété résoluble, et si la condition vient à se réaliser, l'acheteur évincé par le légataire a immédiatement un recours en garantie par l'action *ex empto ;* or lorsque les qualités d'acheteur et de légataire se trouvent réunies dans la même personne, il arrive à la réalisation de la condition que l'acheteur est évincé par lui-même et que cette éviction *sui generis* ouvre l'action en garantie, l'action *ex empto*. Cette explication peut paraître ingénieuse, cependant elle a un défaut auquel n'ont pas songé les personnes qui veulent justifier la décision de Julien par l'idée d'une éviction ; c'est qu'elle ne peut s'accorder avec les principes élémentaires de la garantie émanant de ce chef, attendu que par l'action en garantie *ex empto* on poursuit l'obtention de la valeur de la chose au moment de l'éviction (loi 70, D. 21, 2) et non la restitution du prix, comme il est dit dans le texte. Les Romains, nous le savons, n'étaient pas ennemis des subtilités, mais il ne faut pas leur en attribuer plus que de droit. Si Julien accorde de préférence l'action *ex empto*, c'est parce qu'il ne s'agit pas de réclamer l'objet d'un legs, mais bien une somme qui a été payée en vertu d'une vente.

A ce propos, on peut se demander d'une manière générale ce qu'il advenait lorsque l'acheteur de la chose d'autrui acquérait cette chose, soit à titre d'échange, soit à titre de donation, de succession, d'une autre personne que son vendeur. On rencontre peu de textes sur cette hypothèse, qui ne paraît pas avoir suscité de vives controverses ; toutefois, il est permis de dire que l'obligation du vendeur n'était pas éteinte pour cela, et que sans distinguer si l'acquisition de l'acheteur avait eu lieu à titre onéreux, ou à titre gratuit, il devait, puisqu'il ne fournissait pas la chose, en fournir la valeur (loi 13, § 15, D. 19, 1).

Enfin, pour terminer cette matière nous dirons brièvement ce qui se passait quand une personne achetait une chose sur laquelle elle possédait à son insu un droit d'usufruit. Dans ce cas, de l'avis des jurisconsultes, la vente était valable, mais le prix ne devait être payé que déduction faite de la valeur de l'usufruit.

CHAPITRE II.

DES OBLIGATIONS DU VENDEUR DE LA CHOSE D'AUTRUI.

La vente de la chose d'autrui étant à Rome une vente ordinaire et normale, les obligations qui en découlent sont les obligations ordinaires et normales résumées par Paul dans la loi 1 pr. *De rerum permutatione*, D. 19, 4 : *venditori sufficit ob evictionem se obligare, possessionem tradere, purgari dolo malo.* Nous allons examiner rapidement ces obligations, en nous plaçant toujours au point de vue d'une vente faite *à non domino* et en nous efforçant d'éviter des redites avec ce qui est exposé au chapitre de la Vente.

Les obligations du vendeur signalées par Paul sont donc : 1° l'obligation de livrer la possession ; 2° l'obligation de ne pas commettre de dol ; 3° l'obligation de prendre des engagements par stipulation pour le cas d'éviction.

Mais cette énumération est doublement critiquable. D'abord elle n'est pas complète, Paul a passé sous silence l'obligation de garantie des vices de la chose, dont nous ne parlerons d'ailleurs que d'une façon très-sommaire. Ensuite, l'expression *ob evictionem se obligare* dit trop et pas assez ; trop, en ce que les promesses relatives à l'éviction ne furent jamais d'un usage absolument général, bien mieux, à l'origine cet usage n'existait pas du tout ; pas assez, en ce qu'elle n'indique pas que le vendeur à toute époque a été tenu d'indemniser l'acheteur évincé en vertu du seul contrat de vente et sans qu'aucune stipulation fût intervenue ; c'est pourquoi nous modifierons l'énoncé du jurisconsulte de la façon suivante : les obligations du vendeur sont : 1° l'obligation de livrer ; 2° l'obligation de bonne foi ; 3° l'obligation de garantie des vices de la chose ; 4° l'obligation de garantie du chef d'éviction.

SECTION I.

De l'obligation de livrer.

Puisque vendre c'était s'obliger à fournir la libre possession d'une chose (*vacua possessio*), il est clair jusqu'à l'évidence que la première obligation d'un vendeur quelconque était de livrer la chose, objet de la vente, de *tradere*, comme on disait à Rome. Mais sans chercher à exposer les règles élémentaires et générales d'après lesquelles le vendeur devait livrer au lieu et dans le délai convenus, nous ferons remarquer seulement que la tradition consécutive à une vente de la chose d'autrui était susceptible de revêtir des caractères différents, et nous nous bornerons à quelques développements sur ce sujet :

A. Le vendeur pouvait livrer après avoir acquis la chose de son propriétaire; dans ce cas la vente *à non domino* était suivie d'une tradition *a domino* qui avait pour effet de faire passer la propriété à l'acheteur, et cela sans qu'on ait à s'inquiéter de savoir si le vendeur avait déclaré en contractant que la chose lui appartenait, ou s'il l'avait présentée comme appartenant à autrui. (Quand nous disons que la tradition *à domino* faisait passer la propriété à l'acheteur, sans formuler des distinctions, ce n'est pas que nous ayons oublié l'antique division des *res mancipi* et des *res nec mancipi*, qui a existé du reste jusqu'à une époque assez avancée, mais c'est que nous ne pouvons entrer ici dans des développements et des explications élémentaires qui sont supposé connus).

B. Le vendeur pouvait livrer la chose sans en avoir acquis la propriété, soit après l'avoir présentée lors du contrat comme lui appartenant, ce qui devait être le cas le plus fréquent, soit après avoir déclaré que la chose appartenait à un tiers et n'avoir cependant pas fait ce qu'il fallait pour se mettre à même d'en transmettre le *dominium ;* dans cette hypothèse, la vente *à non domino* était suivie d'une tradition *à non domino*, dont l'acheteur était obligé de se contenter quand elle avait été faite, non par un simple détenteur (*nudus detentor*), mais par un véritable possesseur juridique (*à possessore*), et que d'ailleurs il n'était pas troublé, car il y avait alors *vacua possessio*. Il est vrai que la bonne ou mauvaise foi du vendeur, c'est-à-dire la question de savoir s'il avait ignoré ou su qu'il n'était pas propriétaire, jouait un rôle important ; toutefois, ce n'est qu'à la section suivante que nous établirons les conséquences de ce fait moral ; pour le moment il nous suffira d'indiquer quels sont les avantages que procure à l'acheteur la tradition *a possessore* lorsqu'il ne peut recourir contre son auteur et exiger mieux.

Cette tradition transmet à *l'accipiens* tous les avantages que possédait le *tradens*, elle lui fait passer la possession juridique et lui donne :

1° Le droit aux interdits possessoires.

Ainsi, notre acheteur inquiété dans sa possession peut obtenir *retinendæ possessionis causà* l'interdit *utrubi*, ou l'interdit *uti possidetis*, selon qu'il s'agit de meubles ou d'immeubles ; s'il vient à être dépossédé par la violence et qu'il s'agisse d'un immeuble, l'interdit *unde vi* lui est offert *recuperandæ possessionis causa*. Pour les choses mobilières, il a à sa disposition l'action *bonorum vi raptorum*, *l'actio furti* et l'interdit *utrubi*.

2° Le privilége de jouer au pétitoire le rôle de défendeur, privilége qui avait son importance, car il rejetait sur l'adversaire les difficultés de la preuve.

3° L'usucapion.

Nous n'avons pas à exposer ici la théorie de l'uscapion, nous ne ferons donc que quelques réflexions très-courtes. La jurisprudence romaine exigeait pour l'accomplissement de l'usucapion la réunion de trois conditions, à savoir : une *justa causa*, la bonne foi, le laps de temps. En ce qui concerne les deux premières conditions nous ferons remarquer que si le vente et la tradition *à non domino* étaient extrêmement favorables à leur accomplissement commun quand le vendeur avait présenté la chose comme lui appartenant, la circonstance qu'au moment du contrat le vendeur avait au contraire déclaré ne pas être propriétaire, apportait à l'une d'elles, à la condition de bonne foi, un obstacle des plus sérieux. En effet, il était inadmissible qu'un acheteur prévenu que la chose appartenait à un tiers ait pu en recevoir la tradition sans aucun contrôle. Ainsi, dans cette seconde hypothèse, usucaper était chose d'autant plus difficile que l'usucapion *pro emptore* exigeait des éléments de bonne foi particulièrement rigoureux, puisqu'elle devait exister à deux époques : au moment du contrat, et au moment de la tradition (l. 2, pr. D. 41,4). Quant à la troisième condition, le laps de temps, nous observerons que la facilité de son accomplissement avant Justinien (un an pour les meubles, deux ans pour les immeubles) corrigeait quelque peu ce qu'il y avait de dur pour l'acheteur dans le principe que le vendeur devait seulement *præstare emptori rem habere licere*. L'*emptor* qui venait à soupçonner son vendeur de lui avoir livré une chose dont il n'avait pas la propriété, n'avait pas à redouter longtemps les agressions éventuelles du véritable *dominus*.

4° L'action publicienne.

Grâce à cette action prétorienne l'acheteur *in causà usucapiendi* qui venait à perdre la possession pouvait revendiquer la chose dans les mains des tiers qui s'en étaient emparés avec un titre plus défectueux que le sien. A titres égaux, comme dans le cas de plusieurs ventes *à non dominis*, le juge préférait le possesseur actuel en vertu de la règle: *in pari causa melior est causa possidentis*. Au surplus, il est bien certain que la publicienne ne pouvait faire reconquérir la chose à un acheteur *à non domino* lorsque c'était le véritable propriétaire qui se trouvait rentré en possession, car ce dernier était en mesure de paralyser la demande par l'exception *justi dominii*.

5° Le droit aux fruits.

L'acheteur de la chose d'autrui qui n'avait reçu qu'une tradition *à non domino* gagnait les fruits lorsqu'il était de bonne foi. Toutefois, la mesure dans laquelle il les gagnait a subi des variations ; il faut distinguer deux époques. A l'époque classique, il gardait tous les fruits perçus jusqu'à l'instance en revendication du propriétaire, jusqu'à la *litis contestatio*. Au Bas-Empire, il devait rendre tous ceux qui n'étaient pas consommés au moment de l'instance, alors même qu'ils avaient été perçus de bonne foi ; en un mot, on a fini par appliquer au possesseur de bonne foi actionné en revendication, la règle que depuis longtemps on appliquait au possesseur de bonne foi actionné par la *petitio hereditatis*.

En terminant nous observerons qu'un vendeur de la chose d'autrui pouvait posséder l'objet de la vente, ou ne pas le posséder, mais que dans un cas comme

dans l'autre l'inexécution de l'obligation de livrer
ne lui faisait encourir que des dommages-intérêts ;
en d'autres termes, il n'était pas contraint de livrer,
manu militari, alors même qu'il avait la chose en
sa possession. Il est vrai que certains interprètes,
s'appuyant sur un texte de Paul (*Pauli Sent.* I, 13,
§ 4), ont vu en droit romain un prétendu usage de
cette coercition, mais cette opinion est abandonnée
de nos jours. La véritable maxime romaine est
celle-ci : *nemo potest præcisè cogi ad factum,* et l'on
enseigne généralement que l'inexécution d'une obligation n'entraînait jamais qu'une condamnation
pécuniaire.

SECTION II.

De l'obligation de bonne foi.

Cette obligation avait dans la vente une importance particulière et des effets très étendus. Nous
en avons déjà déduit le devoir pour le vendeur de
manciper, ou de céder *in jure* les *res mancipi,* car
par la simple tradition il eut conservé le *nudum jus
Quiritium* de ces choses, retenue contraire à la bonne
foi. Ici nous allons dire le rôle considérable qu'elle
jouait au point de vue spécial de la vente de la chose
d'autrui.

De cette obligation il résultait :

1º Que l'action *ex empto* compétait immédiatement
à l'acheteur, même non troublé dans sa possession,
lorsque le vendeur avait contracté, et livré la

chose sachant qu'elle appartenait à autrui , car ce vendeur en exposant sciemment l'acheteur abusé à une éviction continuellement menaçante avait manqué à la plus élémentaire bonne foi. En ce sens nous indiquerons un texte très explicite et déjà cité, la loi 30, § 1, D. 19, 1. Ainsi l'obligation de bonne foi venait concourir avec le court délai de l'usucapion, dont nous avons parlé plus haut, pour atténuer ce qu'il y avait de rigoureux et d'inique en apparence, dans l'énoncé du principe que le vendeur romain n'est pas obligé de transférer la propriété. Non, il n'était pas forcé de transférer la propriété, mais dans le cas seulement où il croyait précisément en opérer le transport.

2° Que l'acheteur pouvait, malgré la clause de non-garantie, actionner *ex empto*, le vendeur qui avait fait insérer la dite clause de mauvaise foi, sachant que la chose appartenait à un tiers et connaissant par conséquent le danger d'une éviction (loi 69, § 5. *De Evictionibus* D. 21, 2).

3° Que le vendeur d'une chose appartenant à autrui qui la revendiquait dans les mains de l'acheteur trompé après en être devenu propriétaire par succession, donation, ou autrement, était repoussé au moyen de l'exception de dol accordée *jure prœtorio*. Il eut été, en effet, difficile de trouver une atteinte à la bonne foi plus caractérisée que le fait de vouloir reprendre à une personne la chose dont on lui a promis la libre possession contre espèces. Toutefois, l'exception de dol ayant un caractère infamant, l'acheteur ne pouvait l'opposer aux personnes auxquelles il devait le respect ; on lui donnait dans ce cas l'exception *rei venditæ et traditæ* qui finit par être employée au lieu et place de la première. Au reste, l'acheteur pouvait avoir intérêt à ne se servir contre son vendeur revendiquant ni de l'une, ni de l'autre, de ces exceptions ; la plupart du temps, la vente était accompagnée d'une stipulation fixant à une somme supérieure à la valeur de la chose la quotité des dommages qui seraient payés en cas d'éviction ; or, il est certain qu'en pareille occurence, lorsque le vendeur était d'ailleurs solvable, l'acheteur avait tout avantage à se laisser évincer (loi 17, D. 21, 2). Cependant, si l'on suppose que l'acheteur actionné en revendication par son auteur a préalablement conféré à des tiers des droits sur la chose ; si, par exemple, il a concédé une servitude, une hypothèque, pourra-t-il néanmoins ne pas user de son exception dans le but de se laisser évincer et de profiter de la stipulation ? Nous n'avons aucun texte pour nous guider dans cette hypothèse, mais il est probable que les tiers intéressés à ce que l'éviction n'ait pas lieu étaient autorisés à protester, et que dans l'espèce l'acheteur n'avait pas le choix.

Enfin, nous remarquerons que ce n'est pas à la seule personne du vendeur que pouvaient être opposées l'exception de dol et l'exception *rei venditæ*, sur lesquelles nous aurons l'occasion de revenir dans la section de la garantie, elles pouvaient l'être au véritable propriétaire devenu l'héritier du vendeur. Toutefois, elles n'étaient alors accordées que pour une part proportionnelle à la part recueillie dans la succession ; la loi 14, C. 3, 32, est formelle en ce sens.

SECTION III.

De l'obligation de garantie des vices de la chose.

En ce qui concerne cette obligation, nous dirons un mot seulement. D'après l'édit des Édiles, le vendeur était tenu de déclarer tous les défauts de la chose qui en diminuaient sensiblement la valeur et l'utilité, et il devait garantie à raison de ces vices. Or, cette décision qui était rationnelle lorsqu'une personne vendait une chose dont elle avait la possession (ce qui arrivait à une certaine catégorie de vendeurs de la chose d'autrui), parce que, dans l'espèce, le vendeur était en mesure de connaître les défauts en question, cette décision, disons-nous, ne pouvait évidemment s'appliquer à la vente de la chose d'autrui faite par une personne qui s'engageait ouvertement à fournir la chose appartenant à un tiers et possédée par ce tiers.

Au surplus, l'absence des textes nous fait un devoir de ne pas nous égarer dans des considérations hypothétiques qui nous conduiraient probablement à l'erreur et ne présenteraient qu'un intérêt médiocre.

SECTION IV.

De l'obligation de garentie du chef d'éviction.

Avant d'entreprendre l'explication des règles qui viennent se grouper sous cette rubrique, nous devons faire plusieurs observations importantes.

La garantie du chef d'éviction est une vaste matière qui ferait à elle seule le sujet d'un long ouvrage ; c'est pourquoi il nous faudra passer sous silence quelques détails, sans contredit fort intéressants, mais qui auraient l'inconvénient de nous entraîner au delà des limites que nous nous sommes imposées.

De plus, nous négligerons à dessein les parties qui ne présentent pas pour notre travail spécial un intérêt direct. Ainsi, nous remarquerons d'abord qu'aux yeux des Romains il y avait éviction, donnant ouverture à l'obligation de garantie, non-seulement quand l'acheteur était frappé par une sentence judiciaire qui le condamnait sur la question de propriété et autorisait un tiers à prendre la chose, mais encore lorsque l'acheteur était tenu de subir un *jus in re* qui l'empêchait d'avoir la jouissance effective (v. g. une servitude personnelle, une hypothèque — loi 66, pr. D. 18,1. — Loi 34, § 2, D. 21, 2) ; or cette dernière espèce d'éviction n'ayant pas avec notre travail un rapport direct, puisque l'existence du *jus in re* n'empêche pas la vente d'avoir été faite *a domino*, nous la laisserons de côté pour nous occuper de la première seulement.

En second lieu, la garantie de l'éviction de la propriété renfermait elle-même un double objet : 1° celui d'imposer au vendeur le devoir de défendre l'acheteur contre les revendications qui viendraient à se produire (loi 74, § 2, D. 21, 2) ; 2° celui d'obliger le vendeur à réparer les dommages causés par l'éviction à son ayant-cause, quand celle-ci n'avait pu être conjurée ; or, la garantie, en tant qu'elle obligeait le vendeur à réparer l'éviction prononcée, n'était applicable que dans l'hypothèse d'une vente et d'une tradition de la chose d'autrui (soit d'ailleurs que la *res aliena* ait été présentée par le *venditor* comme appartenant à un tiers, puis livrée néanmoins sans le concours du véritable propriétaire, soit qu'il l'ait faussement présentée comme sienne, ce qui était le cas le plus fréquent) ; au contraire, la garantie, en tant qu'elle imposait au vendeur le devoir de défendre l'acheteur contre les revendications plus au moins légitimes qui viendraient à se produire, pouvait trouver son application même dans le cas d'une vente faite par le propriétaire de la chose ; aussi cette remarque fera-t-elle comprendre comment, dans notre courte étude sur cette matière, nous devons, afin de rester dans les limites de notre sujet, supposer accomplie l'éviction révélatrice de la vente et de la tradition de la chose d'autrui. (Nous disons : « et de la tradition… » car il est bien évident que la garantie, entendue comme nous venons de l'indiquer, ne peut pas plus sortir ses effets après une vente de la chose d'autrui suivie d'une tradition *a domino* qu'après une vente opérée par le propriétaire véritable.)

Ceci posé, nous étudierons d'abord l'obligation de garantie telle qu'elle résultait rationnellement et naturellement du seul contrat de vente avec l'action *ex empto* pour sanction. Dans un second paragraphe, nous passerons à l'obligation de garantie modifiée par des conventions extensives ou restrictives. Puis dans un troisième paragraphe nous dirons quelques mots de l'exception de garantie.

§ 1er. — *De l'obligation de garantie résultant naturellement du contrat de vente.*

Supposant l'éviction accomplie, l'obligation de garantie, c'est l'obligation d'indemniser l'acheteur de tout l'intérêt qu'il aurait eu à garder la chose en vertu de son achat, obligation qui résulte naturellement et logiquement du contrat de vente romain. En effet, puisque vendre, nous l'avons déjà dit à plusieurs reprises, c'est s'obliger à fournir à l'acheteur, sinon et précisément la propriété de la chose, tout au moins sa libre possession, il est manifeste que quand ce dernier se trouve dépouillé de cette libre possession par un tiers dont le droit à la propriété est reconnu en justice, il est manifeste, disons-nous, que le vendeur n'a pas accompli sa prestation et que cette inexécution du contrat donne lieu, d'après les principes généraux, à de justes dommages, sans qu'il soit besoin d'une convention spéciale. Au surplus, il est évident que l'action du contrat est rationnellement désignée pour servir de sanction au droit de se faire indemniser et que, l'éviction se produisant, l'action *ex empto* est immédiatement ouverte à l'acheteur évincé. Maintenant que nous avons brièvement établi le fondement juridique de l'obligation de garantie et que nous avons indiqué par quelle action l'acheteur introduit son recours en garantie, nous examinerons rapidement :

A. Les conditions exigées pour pouvoir exercer *ex empto* le recours en garantie du chef d'éviction.

B. Le montant des dommages-intérêts obtenus par l'action *ex empto*.

C. Quelles personnes peuvent exercer le recours en garantie par l'action *ex empto*.

D. Contre quelles personnes peut être exercé le recours en garantie par l'action *ex empto*.

Il nous arrivera parfois dans ce paragraphe de citer à l'appui de nos assertions des textes qui ne se réfèrent expressément qu'à la garantie renforcée par la stipulation du double et qu'au recours par l'action *ex stipulatu*, mais nous prévenons le lecteur que ces textes sont choisis parmi ceux qui sont également applicables à la garantie sanctionnée par l'action *ex empto*, et que s'il n'est formellement question que de la première, c'est qu'ils datent d'une époque où la stipulation du double avait fini par être sous-entendue dans le contrat de vente et où elle jouait en quelque sorte le rôle principal.

A. Conditions exigées pour pouvoir exercer *ex empto* le recours en garantie du chef d'éviction.

Pour pouvoir exercer ce recours il faut :

1° Que l'éviction résulte non pas d'un fait quelconque, tel qu'une violence, ou un cas fortuit (loi 17, C. 4, 49), mais en principe, d'une sentence judiciaire rendue sur le fond du droit et autorisant un tiers à prendre la chose. Peu importe d'ailleurs que l'acheteur ait succombé dans un procès en revendication intenté contre lui, ou dans un procès que lui-même a intenté contre un tiers possesseur (loi 16, § 1, D. 21, 2). Toutefois, il n'est pas nécessaire qu'il y ait dépossession matérielle ; l'acheteur est évincé quand pour garder la chose il est obligé d'en payer l'estimation au tiers victorieux (loi 16, § 1, D. 21, 2). En outre, il peut arriver que le vendeur soit, en vertu de l'obligation de garantie, tenu d'indemniser l'acheteur, sans qu'une décision judiciaire ait consacré l'éviction ; ceci avait lieu quand l'acheteur acquérait la propriété de la chose vendue à un titre nouveau. En effet, la circonstance qu'un jugement prononçant l'éviction était rendu désormais impossible, ne devait pas dispenser le vendeur de la chose d'autrui de payer des dommages-intérêts à son ayant-cause. En ce sens nous citerons la loi 13, § 15, D. 19, 1. *Si fundum mihi alienum vendideris et hic ex causâ lucrativa meus factus sit nihilominus ex empto mihi adversus te actio competit.*

2° Que l'éviction soit fondée sur une absence

réelle du *dominium* chez le vendeur, car de quel droit et en vertu de quel principe aurait-on pu rendre ce dernier responsable de l'erreur ou de la prévarication du juge ? (loi 51, pr. D. 21, 2).

3° Que la sentence d'éviction soit la cause d'une dépossession que l'acheteur avait intérêt à ne pas voir prononcer. Ainsi, quand la perte de la chose, par un cas fortuit, avait précédé le jugement, l'acheteur ne pouvait recourir en garantie, parce que ce n'était pas à vrai dire la sentence d'éviction qui l'avait dépossédé, et qu'au moment où elle a été prononcée l'acheteur n'avait déjà plus d'intérêt à ne pas être évincé (loi 21, D. 21, 2).

Dans cet ordre d'idées, nous allons examiner différentes hypothèses dont la solution était sujette à controverse. Nous supposons d'abord qu'un acheteur de la chose d'autrui ayant abandonné cette chose, qui devient *derelicta*, un tiers s'en empare, puis en est évincé par le véritable propriétaire agissant en revendication avant que l'usucapion ait pu s'accomplir ; que va-t-il se passer ? L'acheteur pourra-t-il recourir avec succès contre son vendeur ? Il semble bien que non ; le vendeur actionné en garantie pourra répondre à son adversaire : si vous aviez gardé l'objet et si vous en aviez été évincé vous-même par le propriétaire, je n'aurais qu'à m'incliner et à vous indemniser de la perte que je vous aurais fait subir en ne vous transmettant pas le *dominium*, mais dans le cas présent, l'éviction s'est produite à un moment où elle ne vous intéressait plus, et si vous êtes privé de la chose ce n'est pas par la revendication, c'est uniquement par l'abandon volontaire que vous en avez fait et dont je ne saurais être responsable à aucun titre.

Mais une hypothèse, qui devait se présenter plus souvent dans la pratique des affaires et qui était encore plus délicate que la précédente, peut être formulée en ces termes : un acheteur de la chose d'autrui fait donation de cette chose à un tiers, Sempronius ; le donataire vient à être évincé par sentence judiciaire rendue en faveur du véritable propriétaire ; l'acheteur pourra-t-il agir en garantie? La question est assez embarrassante et la solution en est controversée. Les uns disent que si l'acheteur n'a pas un intérêt pécuniaire à ce que l'éviction n'ait pas lieu, il a néanmoins et très certainement un intérêt moral, un intérêt d'affection très-sérieux à voir maintenir le donataire dans la possession dont il l'a investi ; que cet acheteur, s'il n'est pas atteint directement dans ses biens, est incontestablement atteint dans ses sentiments de générosité, et que ce fait constitue à lui seul un préjudice suffisant pour justifier la délivrance de l'action *ex empto*; car, ajoutent les partisans de ce système, l'action *ex empto* est une action de bonne foi, et le juge appelé à statuer *ex æquo et bono* doit tenir compte de tout préjudice, quelle qu'en soit la nature. D'autres, et parmi ces derniers nous citerons Pothier (De la Vente, n° 97), prétendent que l'action en garantie ne saurait être admise dans l'espèce; car, d'une part, disent-ils, le donataire, s'il veut agir, pourra être repoussé par le vendeur, qui lui répon-

dra : je ne vous dois rien, puisque je n'ai pas contracté avec vous ; d'autre part, l'action de l'acheteur
est inadmissible, puisqu'il n'a pas d'intérêt à agir,
sa dépossession provenant non pas de la revendication, mais d'un fait antérieur, la donation.

Pothier n'admet donc le recours que quand le do-
nateur a expressément cédé ses droits et actions par
rapport à la chose donnée et il accorde dans ce cas
l'action en garantie à l'acheteur-donateur, par la
raison que ce dernier a intérêt alors à posséder cette
action, puisqu'il est obligé de la céder.

Certains commentateurs font remarquer combien
il serait fâcheux de voir le vendeur de la chose d'autrui bénéficier du prix d'une vente fautive par le
seul motif que l'acheteur, au lieu de conserver la
chose en a fait donation, sans songer à céder express-
sément son action en garantie ; ils déclarent ce résultat inacceptable et prétendent que la cession devait être sous-entendue lorsque les parties avaient
négligé de la faire en termes formels. Selon les
mêmes, une solution identique doit être admise
quand au lieu d'un donataire, il s'agit d'un légataire ; ainsi, lorsqu'un acheteur de la chose d'autrui
lègue cette chose et que le légataire subit l'éviction
après avoir recueilli le legs, le dit légataire peut
recourir contre le vendeur du testateur, en l'absence
de toute cession expresse, sans quoi, disent-ils, il
arriverait, contrairement aux règles de la logique et
de l'équité, que le vendeur seul profiterait de la disposition testamentaire.

Le raisonnement de ces personnes peut être séduisant, mais il reste à savoir si c'était celui des Romains ; or, les Romains, personne ne l'ignore, poussaient très loin l'amour et le respect des formes et nous ne serions pas étonné qu'en cette circonstance, comme dans bien d'autres, ils aient observé un formalisme rigoureux au mépris de la plus vulgaire équité. Au surplus, un texte de Pomponius, la loi 59, D. 21, 2, vient entièrement confirmer cette manière de voir. Tout ce que l'on peut dire, c'est que la doctrine de Pomponius fut abandonnée peu à peu, à mesure que les Romains se débarrassèrent des superstitions juridiques. Sous Justinien, où l'on était moins esclave des mots, et où l'on tenait déjà compte de l'intention du testateur, la cession de l'action en garantie était sous-entendue lorsqu'elle n'était pas expresse, et l'on accordait au légataire évincé *l'actio empti utilis.*

Du reste, quelle que soit l'opinion que l'on embrasse en ce qui concerne l'hypothèse d'une donation, ou d'un legs, le doute n'existait plus quand, au lieu d'un sous-acquéreur à titre gratuit, on se trouvait en présence d'un sous acquéreur à titre onéreux. Ainsi, nous supposons qu'un acheteur revende la chose qu'il a achetée *a non domino* et que le second acquéreur vienne à être évincé ; le premier acheteur sera certainement admis à recourir en garantie contre son vendeur *non dominus*, sans que celui-ci puisse lui objecter qu'il a perdu la possession autrement que par la sentence d'éviction ; en effet, ce premier acheteur a intérêt à ce que son ayant-cause ne soit pas évincé, parce que cet ayant-cause se trouve en mesure de recourir contre lui.

Il n'était même pas nécessaire que l'acheteur eût à craindre le recours d'un sous-acquéreur ; un préjudice quelconque, fût-il éventuel, suffisait pour justifier son action en garantie. C'est ainsi que la femme qui avait constitué en dot et sans estimation, une chose qu'elle avait achetée *a non domino*, pouvait recourir contre son vendeur lorsque son mari était évincé (loi 75, D. 23, 3). Le motif de cette décision était que si cette femme n'avait pas à craindre le recours de son mari, elle n'en était pas moins empêchée de profiter des fruits de la chose.

C'est pour une raison analogue que le père qui avait donné en dot à sa fille, une chose achetée *a non domino*, pouvait actionner le vendeur, lors de l'éviction prononcée contre le mari, parce que les intérêts matériels de ce père étaient éventuellement atteints, la chose en question étant susceptible de lui faire retour par le prédécès de sa fille.

4° Que l'acheteur soit exempt de faute.

En effet, si le vendeur devait être responsable de l'éviction causée par l'absence du *dominium*, il ne devait pas subir les conséquences d'une éviction résultant de ce que l'acheteur ne l'avait pas mis à même d'établir ses droits, ou de ce que cet acheteur n'avait pas su lui-même faire valoir ses moyens de défense. L'acheteur était donc en faute et comme tel il était privé du recours en garantie quand il n'avait pas, en temps utile, dénoncé à son garant le trouble émanant de ce qu'un tiers revendiquait la chose, ou opposait une exception à ses propres prétentions, car il devait *litem denuntiare, auctorem laudare* (loi 39, § 1, D. 21, 2). Cependant l'acheteur évincé n'était pas déchu de son droit quand il avait une excuse légitime, par exemple, un pacte formel le dispensant de la *litis denunciatio,* ou bien l'impossibilité de découvrir le vendeur pour l'avertir du trouble.

Nous avons dit que *l'emptor* devait faire sa dénonciation en temps utile ; la raison en est facile à saisir, il fallait que le vendeur eût le temps de préparer ses preuves et de rassembler ses moyens de défense ; ainsi donc s'il pouvait l'accomplir au cours de l'instance, il ne devait pas néanmoins abuser de cette latitude et attendre jusqu'au dernier moment, jusqu'au prononcé du jugement.

L'acheteur était encore en faute et perdait son recours lorsqu'il négligeait un moyen de défense qu'il aurait pu opposer de son chef, ou du chef du vendeur. C'est ce qui arrivait, quand l'adversaire ayant déjà succombé dans une première instance contre lui, ou contre son auteur, il ne lui opposait pas l'exception *rei judicatœ* ; quand cet adversaire, s'étant interdit par un pacte d'inquiéter la possession du vendeur, il négligeait de lui opposer le pacte, comme il en avait le droit, parce que l'intérêt du vendeur était ici en jeu et que ce n'était pas par conséquent le cas d'appliquer la maxime : *res inter alios acta neque nocet, neque prodest.* C'est ce qui arrivait encore lorsqu'il se laissait condamner sans invoquer l'usucapion accomplie (loi 54 pr. D. 21, 2), ou lorsqu'il avait pu usucaper et ne l'avait pas fait (loi 56, § 3, D. 21, 2) : *si cum possit usucapere emptor non cepit culpâ suâ hoc fecisse videtur ; unde, si evictus est servus, non tenetur venditor.*

L'acheteur était en faute lorsqu'il négligeait les avantages qu'il pouvait tirer de la situation, en usant d'un interdit possessoire, de l'action publicienne, de *l'actio vectigalis* (loi 29, § 1, loi 66 D. 21, 2).

Il était en faute, lorsque voulant ressaisir la possession qu'il avait perdue, il agissait, contrairement à l'avis du vendeur, par la revendication, au lieu d'agir par la publicienne, qui présentait moins de difficultés et de dangers.

Enfin, était encore réputé en faute l'acheteur qui, après que l'appel fut admis, n'appelait pas d'une sentence dont l'équité était contestable. Toutefois, quand le vendeur est intervenu dans l'instance, on convient généralement que c'est à lui qu'il appartient d'interjeter appel, s'il le juge utile, et que dans l'espèce l'inaction de l'acheteur ne peut être incriminée.

5° Que l'acheteur soit de bonne foi.

Lorsque la cause de l'éviction avait été connue de lui au jour du contrat il ne pouvait exercer de recours en garantie, à moins d'une convention contraire faite expressément.

En ce sens, nous citerons les lois 9 et 27 au Code 8, 45. De la loi 27 il résulte même que l'acheteur de mauvaise foi était privé, non-seulement de toute action en dommages-intérêts, mais encore de la restitution du prix. Ce fragment est ainsi conçu : *si fundum sciens alienum comparavit Athenocles, neque quicquam de evictione convenit, quod eo nomine dedit contra juris poscit rationem.* Malgré cette décision formelle, qui est confirmée par un argument d'analogie tiré de la loi 7, C. 3, 38, quelques interprètes, jouissant d'une autorité considérable, entre autres Cujas et Pothier, ont soutenu que l'acheteur, en pareil cas, avait toujours droit, sinon aux dommages-intérêts, du moins à la restitution du prix ; ils donnent pour raison qu'il est manifestement contraire à l'équité, que le vendeur s'enrichisse aux dépens de l'acheteur, en retenant le prix d'une chose qui ne lui appartenait pas, et qu'il est inadmissible que *l'emptor* soit tout à la fois privé de la chose qu'il a achetée et du prix qu'il a payé. Quant à nous, tant de sollicitude pour un acheteur, qui savait en définitive à quoi il s'exposait, ne laisse pas que de nous étonner. Ces interprètes argumentent aussi de la loi 1, C. 8, 30 ; mais ce fragment n'a pas trait à la question, car il n'y a point dans l'espèce ce que l'on appelle une éviction, le tiers acquéreur a été rendu propriétaire par la vente et s'il doit restituer la chose, contre le remboursement du prix, c'est en vertu d'une *restitutio in integrum propter dolum*.

Cependant, nous devons le dire, il y a, dans la législation de Justinien, un cas où l'acheteur *sciens* pouvait se faire restituer son prix ; ce cas, que nous considérons comme tout a fait exceptionnel, est relaté dans la loi 3, §§ 3 et 4, C. 6, 43. Il s'agit d'un héritier qui a vendu une chose grevée d'un legs conditionnel ; d'après Justinien, si la condition vient à se réaliser, la vente sera radicalement nulle, *non scripta*, et le prix devra être restitué à l'acheteur qui a contracté en connaissance de cause. Nous reviendrons ailleurs sur cet ordre d'idées ; pour le moment, nous nous bornerons à faire remarquer que cette décision est entièrement contraire au principe de la validité de la vente de la chose d'autrui et qu'on ne doit l'accepter que sous toutes réserves.

Les auteurs qui traitent de la garantie d'une manière générale, ajoutent une sixième condition, à savoir qu'il faut que la cause de l'éviction soit antérieure à la vente, et ils s'appuient sur la loi 11, pr. D. 21, 2, ainsi que sur la loi 1, C. 4, 48. Nous la passons sous silence par la raison que dans la vente de la chose d'autrui, qui nous occcupe seule, l'antériorité de la cause d'éviction existe forcément ; au surplus, l'énoncé de cette condition, qui est le résultat d'une confusion de la question des risques avec celle de la garantie, est évidemment inexact si l'on établit l'espèce suivante : nous supposons qu'une personne ayant vendu successivement le même fonds à Titius et à Sempronius, le livre d'abord à Sempronius, le second acheteur, puis ensuite à Titius. Sempronius, qui, le premier a reçu tradition, revendiquera avec succès contre Titius, lequel pourra certainement agir *ex empto* contre son vendeur, et cependant l'éviction procède d'une cause postérieure à son contrat.

Par l'action *ex empto*, l'acquéreur recouvre la valeur de la chose appréciée au jour de l'éviction, et éventuellement les fruits et les impenses ; en d'autres termes, il obtient des dommages-intérêts basés sur le préjudice effectif que l'éviction lui cause (*id quod interest emptori rem evictam non esse*). Ainsi fixée, l'indemnité est susceptible d'excéder le prix de vente, comme aussi elle peut ne pas l'atteindre, suivant que la chose a augmenté de valeur depuis le contrat, ou, au contraire, a diminué (loi 70, D. 21, 2). De nos jours, cette manière de voir est adoptée par tous les commentateurs du droit romain ; toutefois, nous devons le dire, elle a été jadis l'objet de vives controverses ; certains interprètes (Domat, Dumoulin, Pothier) ont prétendu que l'acheteur recouvre dans tous les cas l'intégralité de son prix, et cela alors même que la chose ne le vaut pas.

Bien qu'aujourd'hui personne n'ose plus soutenir cette opinion, qui était évidemment contraire à la doctrine romaine, nous devons dire en peu de mots, comment ces jurisconsultes entendaient la justifier. Pothier soutient que la condamnation a cumulativement deux objets, l'un invariable, la restitution du prix, l'autre variable, le préjudice qui a pu être causé à l'acheteur, et il s'appuie pour cela sur la

loi 43 *in fine* D. 19, 1. « *Non pretium continet tantum, sed omne quod interest emptoris.* » Or, on
peut répondre à Pothier que ce texte ne prouve
absolument rien, par la raison que Paul n'y prévoit
qu'une hypothèse particulière, celle précisément
où il s'est produit une augmentation de valeur qui
élève au-dessus du prix le montant de la perte
subie, de sorte que le jurisconsulte romain veut
dire tout simplement, que quand la chose sujette
à éviction a pris de la plus-value, le vendeur n'est
pas quitte en remboursant la somme qu'il a reçue.
Pothier fait évidemment découler son système de
cette idée que le prix a été payé sans cause, mais
les romains ne se plaçaient pas à ce point de vue
tout à fait moderne ; à leurs yeux, l'acheteur ne
faisait pas son paiement pour obtenir une prestation corrélative, mais pour exécuter son obligation,
obligation que l'éviction ne résolvait pas rétroacti-
vement : lorsque l'éviction se produisait, les Romains ne disaient pas, comme Pothier le prétend,
il y a : 1° un prix payé sans cause ; 2° des dommages
à réparer ; ils disaient : il y a deux obligations,
dont l'une est inexécutée, et cette inexécution
donne lieu à une indemnité calculée sur le préjudice souffert par la partie qui a rempli ses engagements. Du reste, Pothier a contre lui des textes
formels dont il est impossible de méconnaître la
portée sans les torturer ; telle est la loi 70, D. 21, 2.
Nous citerons encore la loi 23 au Code 8, 45 : *quanti
tuâ interest rem evictam non esse, non quantum
pretii nomine dedisti.*

A vrai dire, le système romain n'est pas exempt de défauts et il entraîne cette conséquence fâcheuse que quand la *res* a diminué de valeur depuis le contrat, le vendeur de la chose d'autrui retire un bénéfice d'un acte fautif ; mais, malgré cela, on ne peut s'empêcher de reconnaître qu'il est parfaitement logique.

Nous avons dit que l'acquéreur évincé doit obtenir par l'action *ex empto* la réparation de tout le préjudice qu'il éprouve ; de là il résulte qu'il peut se faire rembourser : les dépenses que le propriétaire ne lui a pas restituées (loi 45, § 1, D. 19, 1) ; la valeur des fruits rendus au revendiquant ; la valeur des acquisitions qu'il a faites à l'occasion de la chose et que l'éviction lui enlève, par exemple, la valeur de l'hérédité *adita jussu emptoris* par l'esclave vendu (loi 8, D. 21, 2). Toutefois, il ne faut pas pousser cette idée à l'extrême, car, sous prétexte d'équité, on aboutirait à des conséquences injustes ; ainsi, lorsque la chose a été l'objet d'une augmentation de valeur très-considérable et tout à fait imprévue, on ne peut pas raisonnablement ruiner le vendeur, surtout le vendeur de bonne foi, par une condamnation exorbitante ; aussi résulte-t-il de quelques textes, que le juge ne dépassait jamais une certaine somme, généralement fixée au double du prix de vente (loi 44, D. 19, 1 ; — loi 1, C. 7, 47).

Jusqu'ici nous nous sommes placés dans l'hypothèse d'une éviction totale, maintenant nous devons dire quelques mots de l'éviction partielle, car il arrivait fréquemment qu'un vendeur n'était vendeur de la chose d'autrui que pour partie seulement. L'éviction partielle se présente sous différentes formes ; elle peut avoir lieu *pro diviso*, ou *pro indiviso*. Lorsqu'il s'agit d'une éviction *pro diviso*, on estime isolément la valeur de la part évincée, au jour de l'éviction, comme si elle eût été vendue seule, et le montant de cette estimation doit être payé par le vendeur à titre d'indemnité (loi 1, D. 21, 2). Lorsqu'il s'agit d'une éviction *pro indiviso*, les dommages-intérêts se calculent différemment, on les détermine par le rapport de la part évincée au tout ; cette part est-elle du quart, du tiers, le vendeur devra payer le quart ou le tiers de la valeur totale au jour de l'éviction.

Enfin, lorsque plusieurs choses ont été vendues à la fois et chacune pour un prix séparé, l'une de ces choses venant à être l'objet d'une éviction, il est évident que le vendeur devra la valeur de la chose, valeur estimée en se plaçant toujours à l'époque de l'éviction (lois 47 et 72, D. 21, 2).

D'ailleurs, dans l'espèce, il n'y a pas, à vrai dire, une éviction partielle ; on se trouve plutôt en présence de plusieurs ventes distinctes.

C. **Personnes qui peuvent exercer le recours en garantie par l'action *ex empto*.**

L'action en garantie appartient à l'acheteur. Elle appartient aussi à ses successeurs à titre universel ; en effet, le droit éventuel à la garantie fait partie du patrimoine de l'acquéreur, et ce droit passe à ses héritiers comme et avec tous ses autres biens ;

toutefois, remarquons-le en passant, chaque héritier ne saurait exercer l'action *empti* pour le tout,
cette action se divise entre eux proportionnellement
à leur part héréditaire (loi 4, § 2, D. 45, 1).

Enfin, l'action en garantie est donnée aux successeurs à titre particulier de l'acquéreur, lorsque
celui-ci leur a fait de cette action une cession formelle et spéciale.

Cette dernière proposition est aussi incontestable
que les deux premières ; mais que dire dans le cas
où il n'était trace d'aucune cession expresse ? De
certains textes, il semble résulter que, dans l'espèce,
l'ayant-cause à titre particulier n'avait aucun droit
au recours en garantie ; en ce sens, on peut invoquer la loi 59, D. 21, 2, où Pomponius déclare
formellement que le légataire d'un acheteur de la
chose d'autrui n'a de recours contre le vendeur,
l'éviction survenant, qu'autant que le testateur lui
a cédé son action. Ce formalisme rigoureux produisait les résultats les plus regrettables, il arrivait
qu'en somme c'était le vendeur de la chose d'autrui
qui bénéficiait du legs, aussi avons-nous déjà dit
ailleurs, qu'en ce qui concerne spécialement le
légataire, cette règle avait dû fléchir par la suite
et que sous Justinien, notamment, on considérait la
cession comme sous-entendue pour permettre au
légataire d'actionner le vendeur par l'action *empti*
utilis.

Lorsqu'il s'agissait d'acheteurs successifs, le
principe qui ressort de la loi 59 avait pour conséquence d'empêcher le dernier acquéreur évincé de

recourir directement contre le premier vendeur de la chose d'autrui ; mais néanmoins, ce premier vendeur ne pouvait échapper à l'obligation de garantie, comme dans le cas d'une donation ou d'un legs, parce que les acheteurs agissaient successivement, chacun contre son auteur immédiat, en remontant jusquà lui.

D. Personnes contre lesquelles peut être exercé le recours en garantie par l'action *ex empto*.

Et d'abord le recours en garantie par l'action *ex empto* peut être exercé contre le vendeur et contre ses successeurs à titre universel. En ce qui concerne ces derniers, nous ferons observer que les héritiers du vendeur, malgré la nature indivisible de l'obligation de garantie, ne peuvent être condamnés que *pro portione hereditaria*, car le paiement d'une somme d'argent est divisible. Il en est de même quand la vente a été faite conjointement par plusieurs personnes ; chacune de ces personnes ne doit être condamnée que pour sa part virile.

Quant aux successeurs à titre particulier du vendeur de la chose d'autrui, ils n'étaient pas tenus de l'obligation de garantie qui incombait à ce dernier, parce que, nous le savons, ils ne le représentaient pas.

Cependant le vendeur et ses successeurs à titre universel n'étaient pas les seules personnes contre lesquelles on accordait *l'actio empti* ; cette action était encore donnée contre le mandataire du vendeur ; nous rappellerons même que d'après les principes rigoureux du droit civil, l'acheteur ne pouvait agir que contre le mandataire et non contre le mandant avec lequel il n'avait aucun rapport juridique. Mais, plus tard, on permit d'actionner directement le mandant et de faire peser sur lui, au moyen de *l'actio empti utilis*, la responsabilité de la vente de la chose d'autrui (loi 13, § 25, D. 19, 1).

Quand une *res aliena* avait été vendue et livrée, non pas par un pupille avec *l'auctoritas* de son tuteur, mais par le tuteur seul, le pupille lui-même était soumis au recours de l'acheteur évincé au moyen de l'action *empti utilis* (loi 4, § 1, D. 21, 2). Toutefois, l'action n'était pas accordée contre lui avec la même étendue que contre un mandant ; la raison en était que le pupille n'avait pas choisi son mandataire, et que quand le tuteur commettait la faute de vendre, en la présentant comme la propriété de son pupille, une chose qui ne lui appartenait pas en réalité, la responsabilité de cette faute ne devait pas peser sur lui aussi lourdement qu'elle aurait pesé à bon droit sur une personne qui avait le pouvoir de se désigner un intermédiaire diligent. On convenait donc que le pupille devait simplement ne pas s'enrichir au détriment de l'acheteur, et on ne permettait à celui-ci de le poursuivre que jusqu'à concurrence du prix qu'il avait touché. Lorsque le pupille ne touchait pas le prix de la vente, par la raison que le tuteur était insolvable et se trouvait dans l'impossibilité de payer le reliquat du compte de tutelle, était-il néanmoins permis à l'acheteur évincé de le poursuivre ? D'après ce qui précède, la négative semble indiquée ; mais ce n'était pas l'avis d'Ulpien (loi 4, déjà citée). Ce jurisconsulte pensait sans doute que dans l'intérêt même des mineurs il était imprudent de laisser inexécutées et dépourvues d'une sanction efficace les obligations contractées par leurs représentants ; les tuteurs auraient couru grands risques de perdre tout crédit.

Quant aux personnes qui ne faisaient que consentir à une vente et y figurer, elles ne pouvaient être poursuivies en garantie, parce que leur présence à l'acte n'avait qu'une signification restreinte, à savoir qu'elles s'interdisaient leur propre fait (loi 160, D. 50, 17).

§ II. — *De l'obligation de garantie modifiée par des conventions restrictives ou extensives.*

La garantie que nous venons d'examiner est celle qui résulte naturellement de l'*emptio venditio ;* mais si cette garantie est de la nature de la vente, elle n'est pas de son essence, de sorte qu'on peut, par une convention spéciale la restreindre, ou même l'effacer complétement. En revanche, on peut l'étendre et lui donner un caractère beaucoup plus rigoureux. Nous allons d'abord nous occuper brièvement des conventions restrictives, puis nous passerons aux conventions extensives,

A. Conventions restrictives de la garantie.

Les conventions qui tendent à restreindre la ga
rantie sont très variées. Il arrive que le vendeur,
n'ayant pas dans son droit de propriété une confiance absolue, fait ajouter au contrat de vente un
pacte dans lequel il est entendu, qu'en cas d'éviction, il ne payera pas de dommages-intérêts au
delà d'une certaine somme que l'on fixe ; ou bien
encore le vendeur fait ajouter un pacte duquel il
résulte qu'il ne garantit que l'éviction émanant de
lui-même ou de ses héritiers. Mais ce qu'il est important de dire, c'est que dans tous les cas, soit que
la restriction ait un caractère général, soit qu'elle
ait un caractère particulier, elle n'est valable
qu'autant qu'elle est exempte de dol, qu'autant
que le vendeur a mis l'acheteur en mesure de connaître la portée de la clause qu'il veut lui faire accepter, qu'autant qu'il lui a révélé tout ce qu'il sait lui-
même et ce qu'il importe à cet acheteur de savoir
aussi (loi 43, § 2, D. 18, 1. — Loi 11, § 5, et loi 1,
§ 1, D. 19, 1).

Les clauses restrictives que le Digeste nous fait
connaître sont très nombreuses, cependant il nous
est impossible de nous y arrêter dans cette thèse ;
nous allons seulement dire un mot de la clause de
non-garantie.

Les parties, nous l'avons déjà dit, peuvent non-
seulement atténuer les effets de la garantie, elles
peuvent encore les annihiler entièrement, en conve-
nant tout simplement que l'éviction ne donnera pas

lieu à cette obligation normale ; que le vendeur ne garantit rien. Toutefois, il ne faut pas l'oublier, la clause générale de non-garantie, en apparence très-précieuse pour le vendeur, n'a qu'une importance limitée par l'obligation de bonne foi. En effet, le vendeur qui, connaissant une cause d'éviction ignorée de l'acheteur, fait insérer la dite clause, sans instruire ce dernier du danger, peut être poursuivi par l'action *ex empto* et contraint de rendre indemne celui qu'il a voulu tromper (loi 6, § 9. — Loi 11, § 15, D. 19, 1).

Si nous supposons que la clause de non-garantie a été demandée et consentie de bonne foi, quels sont alors ses effets ? Certainement, elle met le vendeur à l'abri de toute réclamation de dommages-intérêts, mais le dispense-t-elle de la restitution du prix quand l'éviction se produit ? Sur ce sujet les auteurs ne sont pas d'accord : les uns soutiennent que le vendeur doit rendre le prix quand l'éviction empêche l'acheteur de jouir de la chose ; les autres prétendent que le vendeur est autorisé à le garder dans tous les cas, et ce qu'il a y de piquant dans cette controverse, c'est que de part et d'autre on se fait une arme de la loi 11, § 18, D. 19, 1, qui n'est pas un modèle de précision et que chacun interprète à sa manière. Les partisans de la restitution du prix affirment que le jurisconsulte Ulpien y déclare embrasser l'opinion de Julien, lequel Julien n'admettait pas que l'acheteur évincé perdît et la chose et le prix. Les adversaires de la restitution, qui comptent parmi eux M. Maynz (Cours de droit romain, § 212,

note 50), s'élèvent contre une semblable interprétation, et lisent au contraire dans la loi 11, la condamnation de l'opinion de Julien. Quoi qu'il en soit de
ce texte, nous pensons que la doctrine de M. Maynz
offre plus de vraisemblance que celle qu'on lui
oppose ; il ne faut pas oublier que les Romains ne
pratiquaient pas la théorie du prix payé sans cause.
Enfin nous ferons remarquer avec le savant auteur,
que dans le système qu'il combat, la stipulation de
non-garantie peut avoir pour résultat de rendre la
situation du vendeur plus fâcheuse qu'elle ne l'aurait été en l'absence de toute précaution de sa part ;
en effet, si nous supposons une éviction d'usufruit,
le vendeur sera tenu de rendre l'intégralité du prix,
lorsqu'il existera une clause de non-garantie ; en
l'absence de cette clause, il ne devrait que la valeur
de l'usufruit.

B. Conventions extensives de la garantie.

Ces conventions revètissent différentes formes.
Elles peuvent se faire par un pacte ajouté au contrat, auquel cas l'indemnité convenue se réclame
par l'action *ex empto* ; mais l'usage le plus fréquent
consiste à stipuler pour le cas d'éviction, et à titre
de peine, une certaine somme déterminée. Nous
ne nous occuperons que de ce dernier mode, qui
était de beaucoup le plus répandu et le plus important.

Le recours en garantie par l'action *ex empto*
présentait des inconvénients, il nécessitait les difficultés d'une estimation de la chose vendue, à l'é-

poque de l'éviction ; il faisait souvent courir à
l'acheteur les risques de ne toucher qu'une indemnité inférieure au prix qu'il avait versé ; au surplus, la vente, pour des raisons d'ordre politique
et social, que nous avons exposées plus haut,
présentait peu de sécurité à Rome, il arrivait
fréquemment que la chose d'autrui était vendue
et livrée avec une entière bonne foi et l'éviction
était un danger permanent, c'est pourquoi les
acheteurs imaginèrent de bonne heure d'accom-
pagner ce contrat d'une stipulation par laquelle
le vendeur s'engageait, si l'éviction se réalisait, à
payer une somme qui pouvait s'élever au triple,
ou au quadruple du prix de la chose, mais qui était
généralement fixée au double (loi 56 pr. — Loi 74,
D. 21, 2). Bientôt cet usage, de facultatif qu'il
était, devint obligatoire pour les vendeurs (loi 37,
pr. D. 21, 2). Puis il prit une telle extension que
l'acheteur put par l'action *ex empto*, non-seulement forcer le vendeur à faire la promesse du
double omise au moment du contrat (loi 2, D. 21, 2),
mais encore, l'éviction survenant, obtenir cette
somme sans stipulation aucune (Paul II, 17, § 2. —
Fr. Vat., § 8. — Loi 37, § 2, D. 21, 2). A partir
de cette époque la promesse du double semble résulter naturellement du contrat de vente, aussi
certains commentateurs font-ils de la garantie
sanctionnée par l'action *ex empto* et de la *stipu-
latio duplæ* un amalgame qui dénote l'absence
d'une analyse élémentaire. L'obligation du double
ne put jamais être qu'un simple usage qui ne ré-

sultait pas du tout de la nature et de l'économie
de la vente, usage qui, d'ailleurs, ne fut à aucune
époque absolument général ; certaines provinces
le repoussèrent (loi 6, *De evictionibus*), et là où il
fut admis, il ne s'appliquait pas indistinctement à
toutes les ventes, il n'existait notamment que pour
celles présentant une certaine importance (loi 37,
§ 1, D. 21, 2).

Ceci bien établi, il n'en est pas moins vrai que
souvent à Rome un acheteur évincé avait deux
cordes à son arc, ou, pour s'exprimer plus juridi-
quement, avait à sa disposition deux moyens,
l'action *ex empto* et l'action *ex stipulatu* dont le
choix lui était abandonné ; or, le moment est venu
de faire remarquer que la coexistence de ces deux
actions ne créait pas un double emploi, par la raison qu'elles différaient dans leurs effets et dans les
conditions mises à leur exercice.

Au point de vue des effets, on observera que
l'action *ex stipulatu* procure à l'acheteur une
somme fixe, le double du prix ; l'action *ex empto*,
au contraire, lui procure une indemnité basée sur
le préjudice subi au moment de l'éviction, indemnité dès lors très variable. De là il résulte que
l'acheteur a généralement intérêt à employer de
préférence la première ; mais l'action *empti* peut
néanmoins, dans une situation donnée, offrir des
résultats aussi avantageux ; pour cela, il suffit de
supposer que la chose ayant augmenté de valeur
depuis le contrat, l'estimation est susceptible de
donner une somme égale au *duplum* du prix.

Quant aux conditions mises à l'exercice des deux moyens, l'action *ex stipulatu*, action de droit strict, se trouve renfermée dans des limites beaucoup plus étroites que l'action *ex empto*. En effet :

1º Pour que l'acheteur de la chose d'autrui puisse exercer l'action *ex empto*, il n'est pas absolument nécessaire, nous l'avons dit plus haut, qu'une sentence judiciaire soit intervenue, et la circonstance que cet acheteur a rendu désormais impossible une éviction judiciaire, en acquérant l'objet de la vente de son véritable propriétaire, ne l'empêche pas d'agir par la dite action de bonne foi, pour se faire indemniser (loi 13, § 15, D. 19, 1). Or, il n'en est pas de même à l'égard de l'action *ex stipulatu ;* cette action ne saurait être intentée qu'à la suite d'un jugement autorisant un tiers à prendre la chose, parce qu'alors, mais alors seulement, il y a éviction dans le sens rigoureux, dans le sens étymologique du mot (*vincere ex*, mettre dehors par une victoire, victoire judiciaire). D'ailleurs, hàtons-nous de le dire, il n'est pas nécessaire que l'acheteur soit évincé en personne, il peut agir *ex stipulatu* alors même que la sentence a été rendue contre un de ses ayant-cause (loi 22, § 1, D. 21, 2).

2º L'action *ex stipulatu* exige que l'acheteur ait subi une dépossession matérielle, ou tout au moins que cette dépossession, autorisée par le juge, n'ait été prévenue qu'en désintéressant le tiers victorieux, ce qui constitue un véritable rachat (loi 16, § 1. — Loi 21, § 2, D. 21, 2). Au contraire, l'action *empti*, qui peut être intentée lorsque l'acheteur est devenu propriétaire de la chose à un titre nouveau, peut donc servir dans des cas où il n'y a même pas menace de dépossession.

3° l'action *ex empto*, nous l'avons vu, appartient à l'acheteur qui n'a subi qu'une éviction partielle ; il n'en est pas de même de l'action *ex stipulatu*, car cette action de droit strict n'est accordée que quand les termes de la stipulation sont rigoureusement accomplis ; or, la stipulation se faisant à peu près dans ces termes : *spondes mihi duplam pretii si res a me evicta fuerit* ? on ne peut pas dire rigoureusement qu'ils le sont lorsqu'une partie seulement de la chose est attribuée par le juge à l'adversaire (loi 56, § 2, D. 21, 2). Mais il peut arriver que l'éviction partielle soit expressément prévue dans la stipulation, et il est bien certain que dans cette hypothèse il n'y a pas lieu d'appliquer ce qui précède. Au surplus, certains auteurs soutiennent qu'en dehors de toute convention spéciale, l'éviction *pro indiviso* donne ouverture à l'action *ex stipulatu*, et ils s'appuient notamment sur la loi 64, D. 21, 2. A cela on répond que les termes de la loi 56 (D. 21, 2) sont trop formels pour qu'il soit permis d'adopter une opinion contraire, et que dans le fragment 64, Papinien sous-entend une convention expresse visant l'éviction partielle.

4° Enfin, si nous supposons la sentence attribuant la chose à un tiers rendue après le contrat, mais avant la tradition, ou la mancipation, ou le paiement du prix, il est évident que l'acheteur peut agir *ex empto* pour se faire indemniser de l'inexé-

cution de la vente ; mais il ne saurait prétendre à
l'action *ex stipulatu*, par la raison qu'à ce moment
ce n'est pas lui qui est évincé, puisqu'il ne peut
encore se prévaloir du titre de propriétaire dont le
vendeur n'a pas cessé d'être investi (loi 11, § 2, D.
19, 1. — Paul II, 17, §§ 1 et 3.)

Souvent la *cautio duplæ* se faisait par *nuda
repromissio*, mais il arrivait que le vendeur fournissait des fidéjusseurs destinés à rendre plus sûr
le paiement de la somme due par le fait de l'éviction. Il arrivait aussi que les fidéjusseurs ne se bor-
naient pas à promettre accessoirement le double du
prix, qu'ils se joignaient à l'obligation de *præstare
emptori rem habere licere*. Il nous suffira de faire
remarquer qu'à des titres divers la situation de
ceux-ci n'était pas exactement la même que celle
du vendeur. Ainsi, nous avons dit que l'acheteur
troublé dans sa possession par un tiers qui élève
des prétentions à la propriété de la chose et la
revendique, doit dénoncer à son vendeur l'action
intentée contre lui (*litem denuntiare, auctorem
laudare*) sous peine d'être constitué en faute et de
se voir privé du recours en garantie ; à cette occasion, nous avons fait ressortir l'utilité de la dénonciation, elle a pour but de mettre le vendeur à
même d'organiser ses moyens de défense et d'exhiber des preuves qui auront pour résultat d'empêcher l'éviction dont il est responsable ; or, à
l'égard des fidéjusseurs, la dénonciation du trouble
n'est pas obligatoire, parce que ceux-ci ne détien-
nent pas les moyens de défense (loi 7, C. 8, 45). Il

est vrai que le fidéjusseur est autorisé à se prévaloir contre l'acheteur de l'absence de la dénonciation due au vendeur, mais le motif de cette décision
repose sur un autre ordre de considérations, il
repose sur le principe que le fidéjusseur peut
opposer au créancier les exceptions qui appartiennent au débiteur principal.

En outre, l'engagement du fidéjusseur ayant
presque toujours un caractère gratuit, la caution
est dans toutes les législations l'objet de quelque
faveur méritée. En ce qui concerne spécialement
la législation romaine, nous voyons les fidéjusseurs
jouir de certaines immunités. Ainsi, tandis que le
vendeur de la chose d'autrui ne peut se soustraire
aux conséquences d'une condamnation poursuivie
par l'acheteur, victime d'une tradition *à non domino*, bien qu'il offre à celui-ci de faire une seconde tradition régularisée cette fois par une
entente avec le propriétaire revendiquant, la caution, au contraire, est admise à faire cette offre,
pourvu qu'en définitive elle comporte tous les
avantages qui auraient dû résulter du contrat régulièrement exécuté.

§ III. — *De l'exception de garantie.*

Nous n'avons envisagé la garantie par voie d'action que dans ses rapports avec la vente de la chose
d'autrui ; nous en ferons autant en ce qui concerne
l'exception de garantie, et notamment nous ne parlerons pas de son utilité à l'encontre du vendeur,

véritable propriétaire, qui revendique au nom du *nudum jus Quiritium* resté entre ses mains à la suite de la simple tradition d'une *res mancipi*.

Lorsqu'un vendeur de la chose d'autrui, après avoir acquis cette chose du véritable propriétaire, par succession, donation, ou autrement, la revendiquait contre son acheteur en vertu de son droit nouveau, on donnait à celui-ci l'exception de dol pour repouser cette attaque injuste. Mais l'exception de dol, à cause de son caractère infamant, ne pouvait être opposée aux personnes auxquelles le respect est dû ; d'autre part, il était possible que le revendiquant ne fût animé d'aucune intention dolosive, ce qui arrivait, par exemple, quand c'était l'héritier du vendeur qui agissait dans l'ignorance de la vente ; c'est pourquoi le préteur imagina l'exception *rei venditæ et traditæ*, laquelle finit par absorber l'exception de dol.

L'exception de garantie appartenait évidemment à l'acheteur de la chose d'autrui et à ses successeurs universels, mais elle était donnée en outre à ses successeurs à titre particulier lorsque cet acheteur était intéressé à ce qu'elle leur fut délivrée, ce qui arrivait quand le successeur à titre particulier avait lui-même, comme acquéreur à titre onéreux, un recours en garantie contre son auteur immédiat (loi 3 pr. D. 21, 3).

Sur la question de savoir à quelles personnes l'exception de garantie peut être opposée, nous répondrons qu'elle peut l'être :

1° Au vendeur de la chose d'autrui qui revendique l'objet de la vente en se prétendant devenu propriétaire depuis le contrat ;

2° A l'héritier du vendeur qui se prétend propriétaire de la chose vendue par le *de cujus ;*

3° Au fidéjusseur du vendeur (loi 11, C. 8, 45) qui s'est joint à l'obligation de *prœstare rem emptori habere licere*, car il est *secundus auctor ;*

4° A l'héritier du fidéjusseur auquel sont passées les obligations du *de cujus*. Toutefois la loi 31, C. 8, 45, semble contredire cette décision, puisqu'elle octroie à l'héritier du fidéjusseur, qui se trouve être le propriétaire des choses vendues, la permission de revendiquer ces biens, sauf à payer l'indemnité dont le fidéjusseur aurait été tenu. A cela on répond que les empereurs Maximien et Dioclétien n'ont eu en vue, dans le rescrit en question, que l'hypothèse où le fidéjusseur décédé a uniquement cautionné, le paiement du double, pour le cas d'éviction, et ne s'est pas associé à l'obligation de *prœstare emptori rem habere licere.*

Les quatre classes de personnes qui précèdent sont susceptibles d'être repoussées par l'exception de garantie en vertu du principe : *quem de evictione tenet actio eumdem agentem repellit exceptio ;* mais l'ayant-cause à titre particulier du vendeur peut, quoique non garant, se voir néanmoins opposer l'exception *rei venditæ et traditæ.* Un texte d'Hermogénien ne laisse à cet égard aucun doute ; c'est la loi 3, § 1, D. 21, 3. Quel est donc le motif de cette décision ? Il nous est donné par Ulpien, loi 4, à la fin du paragraphe 32, D. 44, 4 :

c'est que le vendeur est considéré comme ayant vendu une chose qui avait déjà cessé de faire partie de son patrimoine ; en d'autres termes, lorsqu'un vendeur de la chose d'autrui acquiert cette chose à un titre quelconque et la revend alors à un tiers, le second acheteur, revendiquant contre le premier, doit succomber en vertu du principe : *nemo plus juris in alium transferre potest quam ipse habet*, car au moment même où le vendeur est devenu propriétaire, la propriété a passé, *jure prætorio*, au premier acheteur. Du reste, nous n'insisterons pas ici sur cette hypothèse qui doit reparaître dans un chapitre suivant (chapitre V).

CHAPITRE III

DES OBLIGATIONS DE L'ACHETEUR DE LA CHOSE D'AUTRUI.

L'acheteur de la chose d'autrui étant un acheteur ordinaire, ses obligations sont les obligations ordinaires, dont la principale est exprimée par le jurisconsulte Paul dans ces termes : *emptor nisi nummos accipientis fecerit tenetur ex vendito* (loi 1, pr. D. 19, 4). Ainsi l'acheteur doit payer son prix, et quant à lui il n'a été fait aucune dérogation aux principes naturels de la vente, il est tenu de transmettre au vendeur la propriété des espèces sonnantes qu'il lui remet. Le texte que nous venons de citer n'est pas le seul que l'on peut invoquer à l'appui de cette proposition, dans la loi 11, § 2 (D. 19, 1) nous lisons : *emptor autem nummos venditoris facere cogitur.*

Rien de plus juste d'ailleurs que l'obligation de payer le prix quand la vente de la chose d'autrui est suivie d'une tradition *a domino ;* mais, nous l'avons vu, la vente de la chose d'autrui peut être suivie d'une tradition *à non domino ;* or, ce qu'il y a d'intéressant, c'est la question de savoir si l'acheteur qui a reçu la chose, avant de payer son prix, est obligé de s'exécuter lorsqu'il a des raisons de croire que la tradition qui lui a été faite n'est qu'une tradition *à non domino.* Et d'abord ce qu'il y a de certain, c'est que de simples soupçons étaient considérés comme insuffisants pour l'autoriser à refuser le versement du prix. D'un autre côté, il résulte du langage des textes, qu'il n'était pas nécessaire qu'un procès fut engagé. Que fallait-il donc au juste pour que l'acheteur fut en droit de différer l'exécution de son obligation ? Il suffisait qu'il y ait *quæstio mota ;* mais il faut convenir que cette expression, *quæstio mota,* n'indique pas d'une façon très précise les conditions exigées ; tout ce qu'on peut faire, c'est d'en tirer ce sens, qu'il fallait au moins qu'un conflit se fût déjà élevé sur la question de propriété entre un tiers, d'une part, et le vendeur ou l'acheteur de l'autre.

Etant donné, que l'acheteur se trouve en présence d'une situation qui lui permet de s'abstenir du paiement, sa résistance légitime ne pouvait-elle être vaincue par l'offre que faisait le vendeur de fournir des cautions garantissant la restitution du prix en cas d'éviction ?

A cet égard, il faut distinguer plusieurs époques. Au temps de Papinien, aucune offre de fidéjusseurs ne peut forcer la main de l'acheteur ; ce jurisconsulte présente cette doctrine comme incontestable dans un texte qui figure au § 12 dans les *Fragmenta Vaticana.* Dans le même siècle, une constitution de Dioclétien vint modifier la doctrine de Papinien ; la loi 24 au Code 8, 45, décide que, nonobstant les craintes d'éviction les plus sérieuses, le vendeur est autorisé à contraindre l'acheteur au paiement du prix, en fournissant des fidéjusseurs présentant des conditions de crédit suffisantes. Enfin, sous Justinien, c'est la doctrine promulguée par Dioclétien qui prévaut, ainsi que la loi 18, § 1 (D. 18, 6) en fait foi, car le rapprochement de ce texte avec le § 12 des *Fragmenta Vaticana* prouve simplement l'absence de scrupules chez Tribonien, qui, cette fois, est surpris en flagrant délit d'interpolation.

Nous ne nous étendrons pas en explications sur le cas prévu par la loi 5 au Code 8, 45, c'est-à-dire sur celui où l'acheteur s'aperçoit, avant de se libérer, qu'un *jus in re*, une hypothèque, par exemple, existe sur la chose au profit d'un tiers ; nous négligeons cette hypothèse et les autres *ejusdem generis*, par la raison qu'elles ne rentrent pas directement dans notre sujet. De même. nous passerons sous silence les obligations de l'acheteur de la chose d'autrui autres que celle de payer le prix, parce que ce sont des obligations accessoires qui sont communes à tous les acheteurs et qui se trouvent par conséquent examinées au titre de la Vente. Nous nous bornerons à rappeler, qu'en ce qui concerne spécialement un acheteur de la chose d'autrui, ces obligations ne lui incombent que quand la vente *à non domino* a donné lieu à une tradition *a domino*, ou tout au moins à une tradition *à non domino* opérée de bonne foi et non suivie de troubles.

CHAPITRE IV

DES EFFETS DE LA VENTE DE LA CHOSE D'AUTRUI A
L'ÉGARD DU PROPRIÉTAIRE.

D'abord, il est bien certain que, comme contrat, la vente de la chose d'autrui ne saurait, quoique valable *inter partes*, porter aucune atteinte aux droits du propriétaire. Primus et Secundus peuvent tant qu'il leur plaira vendre et acheter ma chose, c'est-à-dire s'engager, l'un à fournir un objet qui m'appartient, l'autre à payer en retour un certain prix, il est évident que ces conventions sont impuissantes à me lier, puisqu'il y a *res inter alios acta*, et à me priver de la propriété de mon bien, puisqu'en supposant même que la législation romaine ait admis le transfert de la propriété *solo consensu*, le principe *nemo plus juris ad alium transferre potest quam ipse habet* eût été là pour sauvegarder mes droits.

Mais la vente de la chose d'autrui pouvait être suivie d'une tradition de la chause d'autrui, et si le contrat en lui-même était dépourvu d'efficacité à l'égard du *dominus*, il n'en était pas ainsi de cette tradition, comme il est facile de s'en convaincre par un coup d'œil jeté sur la première section du chapitre II. Pour ne parler que de son principal effet, nous rappellerons qu'elle conduit à la spoliation du propriétaire par l'usucapion. A première vue, ce résultat n'est pas seulement regrettable, il est inique ; cependant, la plupart des législations, en raison d'un intérêt supérieur, parce qu'il est général, se sont cru obligées de consacrer le principe de l'usucapion ; elles ne diffèrent guère que dans la fixation du laps de temps ; or, il faut avouer qu'à cet égard la législation romaine s'est montrée impatiente (un an pour les meubles, deux ans pour les immeubles), c'était simple, mais un peu expéditif.

Néanmoins, nous allons faire voir que la tradition *à non domino*, dont les effets sont exposés plus haut (chapitre II, section 1), ne produisait pas pour le propriétaire des résultats aussi graves et désastreux qu'on serait tenté de le croire.

Et d'abord, s'agit-il d'une chose mobilière ; si le vendeur l'a vendue et livrée dans l'ignorance qu'elle appartient à un tiers, il n'y a pas vol, parce qu'il n'y a pas *contrectatio fraudulosa ;* mais tant qu'elle n'a pas été usucapée le propriétaire peut certainement la revendiquer ; si, au contraire, le vendeur l'a livrée sachant qu'elle ne lui appartient pas, il commet un *furtum* qui a pour conséquence d'empêcher que la chose puisse jamais être usucapée, même par un acquéreur de bonne foi, ou tout au moins qu'elle puisse l'être tant qu'elle ne sera pas rentrée dans les mains du propriétaire (lois 1 et 7, C. 7, 26) ; de plus, le *dominus* est muni dans l'espèce de deux actions, il peut intenter, soit la revendication qui est accordée contre tout possesseur de l'objet et par conséquent contre l'acheteur, soit la *condictio furtiva,*

action personnelle de droit strict qui n'est donnée
que contre le voleur et ses héritiers. Le propriétaire
peut donc rentrer dans la possession de sa chose, ou
tout au moins obtenir sa valeur, valeur qui sera
souvent plus considérable que le prix de vente duquel on n'a aucun compte à tenir.

Lorsque c'est un immeuble qui a été vendu, le
vendeur fut-il de mauvaise foi, il ne saurait être
question de vol, puisque les immeubles ne sont pas
susceptibles de soustraction, de détournement (loi
38, D. 41, 3) ; mais malgré cela le propriétaire n'est
certainement pas dépouillé de sa chose par le seul
fait de la vente et de la tradition, il lui est loisible,
en la revendiquant contre l'acheteur, de la ressaisir, ou de s'en faire payer l'estimation, tant que
celui-ci ne peut lui opposer l'usucapion *pro emptore*.

Enfin, soit qu'il s'agisse d'une chose mobilière,
soit qu'il s'agisse d'une chose immobilière, lorsque
le *dominus* ne peut plus revendiquer la chose vendue,
parce qu'elle est usucapée, ou qu'elle a cessé d'exister, il n'est cependant pas privé de toute ressource,
il est alors autorisé à se retourner contre le vendeur,
pour contraindre celui-ci à la restitution du prix
qu'il a touché au moyen de l'action *negotiorum
gestorum utilis* (loi 49, D. 3, 5. — Loi 1, C. 4, 51.
— Loi 3, C. 3, 32).

Au surplus, nous ferons remarquer que cette
restitution peut être poursuivie indépendamment
de toute distinction entre le vendeur de bonne foi
et le vendeur de mauvaise foi, car les textes ne
font pas cette distinction. Africain, notamment,

montre, dans la loi 23, D. 12, 1, un légataire qui,
dans l'ignorance d'un codicille postérieur, révo-
quant la première disposition, a vendu l'esclave
qu'il possédait à titre de legs ; cette vente n'est
autre qu'une vente de la chose d'autrui faite de
bonne foi ; cependant lorsque la revendication contre l'acheteur est devenue impossible par la mort
de l'esclave, la circonstance que le vendeur a agi
de bonne foi n'empêche pas le propriétaire de lui
réclamer le prix qu'il a touché, et cela en vertu du
principe que nul ne doit s'enrichir aux dépens
d'autrui. Mais le motif que nous venons d'indiquer
nous donne la mesure des droits du propriétaire,
et il paraît rationnel de décider que si le vendeur
en question, au lieu d'avoir possédé la chose à titre
gratuit, l'avait possédée à titre onéreux, la restitution du prix ne pourrait plus lui être demandée,
puisque, dans l'espèce, on n'aurait à lui reprocher
aucun enrichissement aux dépens d'autrui, en supposant, bien entendu, que le prix de vente n'a pas
excédé le coût de l'acquisition. Néanmoins, Pothier
nous apprend que cette manière de voir fut jadis
l'objet de critiques fondées sur la loi 49, D. 3, 5 ;
or, il est facile de se convaincre, par la lecture du
texte, invoqué bien légèrement, qu'Africain, qui en
est encore l'auteur, n'entend nullement infirmer
l'opinion que nous avons exprimée.

Le propriétaire, comme nous venons de le voir,
n'est pas trop maltraité, surtout quand l'on songe
que la plupart du temps, les personnes qui donnent aux autres le loisir de s'emparer de ce qui

leur appartient, font preuve d'une négligence indigne de la sollicitude du législateur ; mais le moment est venu de dire quelques mots d'une certaine éventualité dont il n'a pas encore été parlé.

Il arrivait que le vendeur de la chose d'autrui, pour arrêter des poursuites et prévenir des recours dispendieux, s'efforçait d'obtenir, à titre onéreux, la ratification du propriétaire ; il arrivait aussi que ce dernier ratifiait dans un but de bienfaisance ; il s'agit donc d'exposer rapidement quels étaient les effets de la ratification. Ces effets doivent être examinés à deux points de vue différents ; au point de vue du contrat, et au point de vue de la tradition lorsque celle-ci a déjà eu lieu.

Au point de vue du contrat, la ratification du *dominus* avait pour résultat de le faire considérer comme vendeur et le préteur lui donnait l'action *ex vendito utilis*, de même qu'il donnait contre lui l'action *ex empto utilis*. Toutefois, cette solution n'était admise qu'en droit prétorien. En droit civil, un respect scrupuleux des formes conduisait à décider que le propriétaire ne pouvait pas être envisagé comme vendeur, puisque la place du vendeur était occupée par une autre personne ; tout ce que ce droit rigoureux permettait, c'est que la personne qui avait contracté l'obligation de fournir fût, par suite de la ratification, considérée comme mandataire du propriétaire.

Si nous supposons la tradition faite avant la

ratification, cet acte a pour effet le transport immédiat de la propriété. Car que manquait-il à la tradition pour être parfaite? Il ne lui manquait que la volonté, que l'*animus* du propriétaire ; dès que cet *animus* se révèle par la ratification, tout est consommé. Mais ceci encore n'est qu'une solution du droit honoraire. Selon le droit civil, la tradition faite *à non domino* étant nulle *ab initio* ne peut devenir efficace et valable par un événement postérieur.

———

Nous avons dit que la vente de la chose d'autrui, convention valable *inter partes* seulement, était impuissante à lier le propriétaire étranger au contrat ; cependant il existe auprès de cette règle des exceptions assez nombreuses.

En première ligne, nous citerons le cas où le vendeur agit en qualité de mandataire ; dans le droit prétorien, le propriétaire mandant, quoiqu'il n'ait pas pris part en personne au contrat, est soumis à l'action *empti utilis*, accordée par le magistrat à l'acheteur (de même qu'il a contre l'acheteur l'action *ex vendito utilis*) ; en un mot, il est tenu directement d'une obligation consentie par un autre. Au reste, cette hypothèse n'offre rien de surprenant ; mais en dehors d'un mandat formel il arrivait bien d'autres fois que le *dominus* se trouvait engagé sans aucune participation au contrat ; dans quelques uns de ces cas, on considérait qu'il y avait en quelque sorte mandat et que le vendeur agissait au nom du propriétaire ; dans d'autres, l'idée d'un mandat ne pouvant se concevoir, il faut expliquer l'obligation dont le propriétaire se trouve involontairement tenu et le transport du *dominium* sans son concours, par des considérations d'intérêt public qui ont prévalu contre le principe *nemo plus juris ad alium transferre potest quam ipse habet.*

Ainsi, le pupille se trouve lié par la vente que contracte son tuteur et l'action *empti utilis* est accordée contre lui, comme nous l'avons vu en traitant de la garantie du chef d'éviction (loi 4, § 1, D. 21, 2).

Le *paterfamilias* qui a donné à son fils, ou à son esclave, un *peculium*, reste propriétaire des biens qui composent ce pécule. Néanmoins le fils où l'esclave peut en disposer à titre onéreux, et le préteur accorde, aux tiers qui ont traité avec l'administrateur, l'action *de peculio* contre le père de famille.

Le débiteur est dépouillé de la propriété d'une chose qu'il a donnée en gage lorsque le créancier la vend en vertu de son *jus distrahendi*. Il est bien entendu d'ailleurs que nous ne nous plaçons pas à l'époque où le créancier était rendu propriétaire de l'objet donnée en gage, au moyen d'une tradition, ou d'une mancipation accompagnée d'un contrat de fiducie par lequel le créancier s'engageait à restituer la propriété de la chose lors du paiement ; s'il en était ainsi, il n'y aurait pas exception à la règle ;

nous nous plaçons à une époque plus récente, époque à laquelle le créancier ne devient plus *dominus*, mais où il puise néanmoins dans le *jus distrahendi* le droit d'aliéner le gage (Gaius, C. II, § 64).

D'après une disposition de la loi des Douze Tables, l'agnat d'un insensé, quand il est son curateur, est autorisé à vendre ses biens (Gaius, C. II, § 64.

Du sénatus-consulte Juventien, rendu sous Adrien, il résulte que la vente d'un bien héréditaire, faite par l'héritier apparent, est dans certains cas opposable au véritable propriétaire. En effet, ce sénatus-consulte décide que l'héritier apparent ne devra pas restituer au-delà des limites de l'enrichissement que l'aliénation lui a procuré ; de ce que cet héritier n'est tenu que *quatenus locupletior factus est* et qu'il ne doit subir aucun appauvrissement, il suit que le véritable propriétaire est forcé de respecter la vente qu'il a faite et ne peut revendiquer contre l'acheteur, quand cette revendication aurait pour effet d'amener un recours en garantie de nature à l'appauvrir (loi 25, § 17, D. 5, 3). Au surplus, il est bien certain que l'héritier apparent devait être de bonne foi pour qu'il lui fût permis, à lui et à ses ayant-cause, d'invoquer le Juventien.

Enfin le fisc jouissait d'un privilége particulier et absolument arbitraire, celui de pouvoir aliéner entièrement et sans le concours de ses copropriétaires les biens sur lesquels il n'avait qu'un droit de copropriété, si minime qu'il fût. Nous trouvons les traces de ce privilége dans plusieurs lois du Code et notamment dans la loi 2 *De communium rerum alienatione* (4, 52), ainsi que dans la loi unique *De venditione rerum fiscalium* (10, 4). Mais comme le fait observer ce dernier texte, le fisc ne peut s'attribuer dans le prix qu'une part proportionnelle à son droit dans les choses vendues, le surplus est versé aux autres copropriétaires : « *sed pretium partis tantum in fiscum redigatur, reliquum dominis partium restituatur.* » Du reste il faut bien convenir qu'il n'était guère possible de faire moins.

CHAPITRE V

DE L'ACQUISITION DE LA PROPRIÉTÉ SURVENUE CHEZ LE VENDEUR DE LA CHOSE D'AUTRUI POSTÉRIEUREMENT A LA VENTE ET DE SES EFFETS.

Le vendeur peut acquérir la chose de plusieurs manières, par un achat, un échange, une donation, ou en succédant au propriétaire; mais peu importe le mode d'acquisition, qu'il soit à titre onéreux, ou à titre gratuit, le résultat est le même ; ce qu'il faut distinguer, c'est la question de savoir si l'acquisition a eu lieu avant, ou après la tradition.

Lorsque le vendeur devient propriétaire de la chose vendue après la vente, mais avant la tradition, l'acquisition produit un effet bien simple, elle fait du vendeur et du propriétaire une seule et même personne, elle rend le contrat désormais valable *erga dominum*, et au point de vue de son exécution elle met le vendeur en mesure d'agir en qualité de *dominus*; il serait donc superflu d'insister sur cette hypothèse qui ne fournit que des résultats bien connus.

Au contraire, l'étude des effets produits par l'acquisition postérieure à la tradition est beaucoup plus compliquée et plus intéressante, aussi nous arrêtera-t-elle quelque temps. Et d'abord il importe

de distinguer à ce sujet le droit civil, le droit honoraire, et le droit de Justinien.

En droit civil, le mode de translation de propriété
(que ce soit une tradition, ou une mancipation) qui
a été employé *à non domino* est frappé *ab initio*
d'une nullité que les événements postérieurs ne sau-
raient effacer ; dans ce droit formaliste, ou l'acte est
immédiatement régulier, ou il ne l'est pas ; s'il est
régulier, il transfère incontinent le *dominium* ; s'il
ne l'est pas, il est à jamais incapable de produire
aucun effet. C'est tout ou rien.

En droit honoraire, il n'en est pas de même. La
tradition faite *à non domino* n'est pas aux yeux du
préteur un acte entaché d'un vice ineffaçable. En
effet, la tradition, pour être régulière et complète,
réclame le concours de deux éléments, un élément
matériel et un élément intentionnel ; le fait de la
mise en possession et *l'animus transferendi dominii*
émané de qui de droit ; or, ce magistrat a pensé avec
beaucoup de raison que quand le *tradens non dominus* devenait propriétaire, il était tout à fait naturel, et conforme à l'honnêteté, de décider qu'à l'élément matériel, déjà existant, venait s'adjoindre l'élément intentionnel qui, jusqu'alors, avait été impar-
fait ; il admit donc en suite de ces considérations que
l'acquisition faite par le vendeur *tradens*, postérieu-
ment à la tradition, avait pour effet de faire passer
instantanément la propriété bonitaire sur la tête
de l'acheteur. Pour prouver la vérité de cette assertion nous ne nous appuierons pas sur la loi 1 pr. D.

21, 3: *Marcellus scribit, si alienum fundum vendi-*
deris et tuum postea factum petas, hac te exceptione
(rei venditæ et traditæ) rectè repellendum ; ce texte
ne démontre pas invinciblement l'exactitude de
notre proposition, parce qu'après tout le vendeur
pourrait n'être repoussé qu'en vertu de son titre
de garant, la propriété étant d'ailleurs restée entre
ses mains. Nous invoquerons la loi 3, § 1, D. 21,
3 ; la loi 72, D. 6, 1, et la loi 2, D. 21, 3. Dans ces
textes, il est vrai, les jurisconsultes Hermogénien,
Ulpien et Pomponius n'indiquent pas en termes
formels et précis ce transport de propriété, mais
il ressort de ce qu'ils donnent gain de cause à
l'acheteur de la chose d'autrui qui a reçu tradition
à non domino contre les autres ayant-cause à
titre particulier que le vendeur a pu vouloir créer
depuis l'acquisition. Ainsi, dans la loi 2, D. 21, 3,
Pomponius suppose que Titius, après avoir vendu
et livré un fonds appartenant à Sempronius, devient
l'héritier du dit Sempronius et revend alors le
même fonds à Mœvius ; puis ayant la chose à sa
disposition, comme locataire ou à un titre analogue,
lui en fait tradition ; dans cet état de choses, il
s'agit de savoir si c'est le premier acheteur qui
doit l'emporter, ou si, au contraire, c'est Mœvius,
le second ; or, Pomponius, rapportant l'opinion de
Julien, décide que le premier acheteur l'emporte.
Que résulte-t-il de cette décision ? Il résulte forcément que l'acquisition de la propriété par le *tradens*
Titius a immédiatement rendu propriétaire (*jure*
prœtorio) le premier acheteur, car si celui-ci n'avait

pas été rendu propriétaire, Titius, le vendeur, serait resté nanti de la qualité de *dominus*, et en cette qualité il aurait transmis la propriété à Mœvius, qui, dès lors, ne saurait succomber, lui qui n'est pas tenu de l'obligation de garantie, puisqu'il n'est qu'un ayant-cause à titre particulier. Si dans les textes il n'est pas dit franchement, mais seulement par voie de conséquence, que la propriété est transmise à l'acheteur de la chose d'autrui par le fait de l'acquisition survenue chez le vendeur, c'est qu'une telle proposition constituerait une contradiction flagrante avec le droit civil, contradiction que les jurisconsultes romains avaient pour habitude de dissimuler. Au reste, dans la loi 4, § 32, D. 44, 4, Ulpien est plus ouvert et plus explicite que dans les fragments cités précédemment lorsqu'il dit : *ac per hoc intelligeret eum fundum rursum vendidisse quem in bonis non haberet.*

Dans le droit de Justinien, la solution du droit honoraire triomphe entièrement ; à cette époque elle n'est plus cachée sous des exceptions, elle éclate au grand jour ; l'ancien droit civil est définitivement enterré, on n'a plus de ménagements pusillanimes à garder avec lui, et celui qui avait simplement une chose *in bonis* est maintenant propriétaire *pleno jure.* Aussi le premier acheteur qui se trouve, comme dans les textes précédents, en présence d'autres ayant-cause à titre particulier du même vendeur, n'en est plus réduit aux répliques pour faire valoir ses droits ; devenu instantanément propriétaire par le fait de l'acquisition survenue chez son vendeur, il a entre les mains la revendication qui le fait triompher directement.

En droit romain, nous le savons, la vente ne faisait que créer des obligations, la tradition seule opérait le déplacement de la propriété. Pour que le résultat, que nous avons rencontré dans le droit prétorien et le droit de Justinien, pût se produire, il était donc absolument nécessaire que l'acheteur de la chose d'autrui eût reçu tradition ; mais nous remarquerons à ce propos que l'on ne pouvait considérer comme tenant lieu de tradition et comme susceptible de produire ses effets, l'acte par lequel l'acheteur s'emparait de la chose et en prenait possession de sa seule autorité. En ce sens, nous citerons un texte de Paul, c'est la loi 5, D. 41, 2. En revanche, il n'était pas non plus nécessaire que le vendeur eût remis lui-même l'objet de la vente à l'acheteur avec formalités désinvestitives et investitives, il suffisait que ce dernier eût pris possession au su du vendeur et sans son opposition, de telle sorte que quand il se trouvait déjà détenir la chose en une qualité quelconque et, par exemple, à titre de locataire, le seul consentement du *venditor* constituait une tradition dans le sens et avec la portée juridique de ce mot (loi 1, D. 21, 3).

Nous venons de raisonner dans l'hypothèse où la survenance de propriété s'est produite en la personne du vendeur. Que doit-on décider dans le cas où c'est le fidéjusseur qui devient propriétaire ? Cette acquisition a-t-elle pour effet de faire passer la propriété sur la tête de l'acheteur de la chose d'autrui qui a reçu tradition *a non domino* ? Nous l'avouons, cette solution nous paraît difficile à admettre, malgré l'opinion, un peu indécise d'ailleurs que M. Labbé (Revue pratique, tome 40) exprime en ces termes : « il est certainement plus délicat ici que précédemment (acquisition survenue chez le vendeur) de décider que la propriété est acquise à l'acheteur, car elle le serait sans que le propriétaire eût accompli aucun acte translatif. Néanmoins, il paraît étrange que la sécurité de l'acheteur, pleine et entière en face du fidéjusseur propriétaire, s'évanouisse parce que le fidéjusseur aura, par un acte tout à fait fait arbitraire, séparé en deux personnes la propriété et l'obligation de garantie. Ma raison n'accepte pas volontiers qu'une voie indirecte nous conduise à un résultat que nous ne pourrions pas atteindre directement. Ne doit-on pas considérer le fidéjusseur comme ne faisant qu'un avec le débiteur principal à l'égard du créancier pour l'exécution de l'obligation de *prœstare emptori rem habere licere* ? S'il en est ainsi, la tradition faite par le vendeur est un acte commun à tous ceux qui doivent principalement ou accessoirement procurer la chose à l'acheteur ; cette tradition doit avoir la puissance de désinvestir, non pas seulement le vendeur qui l'exécute, mais encore celui des fidéjusseurs qui est ou sera propriétaire. Toutes ces personnes se sont identifiées pour l'exécution de la vente et pour la sûreté de l'acheteur. »

Il est certain, comme nous l'avons vu en traitant de l'exception de garantie, que le fidéjusseur ne peut pas revendiquer lui-même avec succès, et cela sans qu'il soit besoin de l'adjonction d'un autre motif, par la raison qu'il est garant ; mais (alors même qu'il se serait expressément joint à l'obligation de *prœstare emptori rem habere licere*), cela ne veut pas dire qu'une tradition, à laquelle il n'a réellement pris aucune part, aura la vertu de transférer la propriété à l'acheteur *ex post facto* par la survenance du *dominium* dans sa personne. Aussi, quand M. Labbé ajoute : « nous ne proposons cette décision qu'avec une défiance extrême », nous le croyons sans peine, car il ne faut oublier que nous avons affaire à des Romains qui alors même qu'ils abandonnaient le droit civil sur un point, ne le faisaient qu'avec une certaine timidité, et n'ont jamais pratiqué le dédain des formes matérielles avec une indépendance absolue, indépendance qu'il aurait fallu posséder pour admettre le transport de la propriété bonitaire par l'acquisition du fidéjusseur, c'est-à-dire d'un autre que le *tradens*. A notre humble avis, si le fidéjusseur devenu propriétaire ne peut évincer l'acheteur, c'est uniquement parce qu'il est tenu de l'obligation de garantie ; si donc il vend la chose à un tiers, puis la lui livre, ce tiers deviendra propriétaire, et comme ayant-cause à titre particulier exempt de l'obligation précitée, il pourra, au besoin, revendiquer contre l'acheteur et l'évincer.

Jusqu'à présent nous avons supposé que c'est

l'aliénateur de la chose d'autrui ou son fidéjusseur qui est devenu propriétaire de la chose à un
titre quelconque (achat, échange, succession, etc.),
il est également intéressant de savoir ce qui se
passe quand c'est le propriétaire qui succède à l'a-
liénateur ou à son fidéjusseur. Sans aucun doute, le
propriétaire devenu héritier ne pourra, dans aucun
des deux cas, évincer l'acheteur à cause de l'obligation de garantie qui lui incombe maintenant,
mais doit-on décider que la propriété est transférée
à l'acheteur qui a reçu une tradition *a non domino*,
par le seul fait que le *dominus* a succédé à son
auteur ou au fidéjusseur de son auteur, de telle
sorte que cet acheteur n'aurait plus à craindre désormais qu'une vente faite par le garant à un tiers
non-garant puisse le dépouiller ? En ce qui concerne spécialement l'hypothèse où le propriétaire
a succédé au vendeur lui-même, l'idée d'une transmission immédiate de la propriété peut à la rigueur
se concevoir d'après les principes admis chez les
Romains en matière d'hérédité. En effet, l'héritier venant représenter et continuer la personne
du *de cujus*, on comprend jusqu'à un certain point
que la réunion de la personne du propriétaire à
celle du *tradens* puisse achever et parfaire l'acte
qui jusqu'alors était incomplet, et nous voyons
Ulpien mettre sur la même ligne l'hypothèse où
le vendeur succède au propriétaire et celle où
le propriétaire succède au vendeur (loi 1 pr.,
et § 1, D. 21, 3). Mais quand c'est au fidéjusseur,
c'est-à-dire à un autre que le *tradens*, que le pro-

priétaire a succédé, il nous paraît difficile d'admettre que cette circonstance ait pour effet la transmission de la propriété à l'acheteur de la chose d'autrui. Sans doute, le propriétaire héritier du fidéjusseur ne pourra plus évincer personnellement l'acheteur, parce qu'il est tenu de l'obligation de garantie (à notre avis du moins ; voir exception de garantie 4°) ; mais s'il vend et livre la chose à un tiers, ce dernier n'étant lié aucunement par la dite obligation, pourra, ce nous semble, revendiquer avec succès contre le premier *accipiens* rentré en possession, car il sera investi de la propriété.

Ici nous placerons l'examen d'une question fort délicate offrant une certaine analogie avec ce qui précède, c'est celle de savoir si la personne qui, comme mandataire ou tuteur, a vendu et livré pour le compte d'autrui une chose qui lui appartenait à son insu, est désinvestie de la propriété. En d'autres termes, l'erreur du *tradens*, qui a cru livrer la chose d'autrui, tandis qu'il livrait sa propre chose, empêche-t-elle ou n'empêche-t-elle pas la propriété de passer à *l'accipiens* ? Si, par l'absence des textes, nous étions condamné à de simples conjectures sur ce sujet, nous ne serions pas éloigné de penser qu'étant donné la théorie romaine du mandat, le mandataire était considéré comme définitivement dépouillé de sa propriété. En effet, le mandataire à Rome n'est pas un simple représentant, un simple porte-voix, il est le véritable auteur de l'acte juri-

dique, c'est dans sa personne que naissent les obligations résultant du contrat ; lors donc qu'il vend
et livre une chose dans les conditions ci-dessus
retracées, il se trouve en somme que le véritable
propriétaire a vendu et livré en son propre nom,
circonstance qui nous porterait à croire que les
Romains déclaraient le transfert consommé. Mais
nous n'en sommes pas réduit aux suppositions,
nous avons des textes, et ces textes nous font voir
que nos conjectures auraient subi le sort de bien
d'autres, elles se seraient trouvées en contradiction
complète avec la réalité, car Ulpien, dans la loi 35,
D. 41, 1, nous apprend, à n'en pas douter, que l'on
donnait à la question une solutien diamétralement
opposée : *si procurator meus vel tutor pupilli rem
suam, quasi meam, vel pupilli, alii tradiderit non
recessit ab eis dominium et nulla est alienatio qui a
nemo errans rem suam amittit.* Ainsi le mandataire
(ou le tuteur) qui a commis l'erreur, conserve la
propriété. Mais cela ne veut pas dire qu'il pourra
revendiquer contre l'acheteur ; à l'égard de ce dernier, il est tenu comme vendeur d'une obligation de
garantie qui le fera succomber dans sa revendication si l'acheteur ne néglige pas de lui opposer
l'exception *rei venditœ et traditœ* (loi 49, D. 17,
1) (Pellat, textes choisis).

M. Labbé, malgré le texte bien précis d'Ulpien,
n'admet pas cette solution qui lui paraît incompa-
tible avec toutes les traditions romaines et particulièrement avec la théorie du mandat. Il s'arme pour
la réfuter de la loi 49 (D. 17,1), dans laquelle Mar-

cellus s'exprime ainsi : *Servum Titii emi ab alio bona fide et possideo, mandatu meo eum Titius vendidit cum ignoraret suum esse..... De jure evictionis et de mandato quæsitum est. Et puto Titium, quamvis quasi procurator vendidisset, obstrictum emptori, neque si rem tradidisset vindicationem ei concedendam.* Le savant professeur voit dans ce fragment l'affirmation de la doctrine d'après laquelle le *dominium* passerait du mandataire à l'acheteur, de telle sorte que si le mandataire ne peut pas revendiquer contre l'acheteur lorsqu'il s'aperçoit de son erreur, ce ne serait pas seulement en sa qualité de garant qu'il serait privé de cette faculté, et s'il faisait une seconde vente, son ayant-cause à titre particulier, quoique dispensé de la garantie, n'agirait pas avec plus de succès que lui-même, par la raison que la propriété ne lui aurait pas été transmise en vertu de la maxime bien connue : *nemo dat quod non habet.* « L'acheteur, dit M. Labbé, n'invoquera pas seulement, contre le mandataire essayant de revendiquer après la découverte de son erreur, l'obligation de garantie dont celui-ci est tenu, il dira : en face de vous, par la vertu de la tradition que vous m'avez faite, je suis propriétaire. Aussi, dans notre pensée le mandataire transmettrait vainement à un ayant-cause à titre particulier la propriété qu'il prétendrait avoir conservée. » Pour nous, nous avouons ne pas apercevoir la justification de cette doctrine dans le fragment de Marcellus. Que dit, en effet, ce jurisconsulte ? Il dit que

Titius, quoiqu'il ait agi en qualité de mandataire, est néanmoins lié à l'égard de l'acheteur, et que s'il a livré la chose, on ne devra pas admettre sa revendication ; or, l'ensemble de ce texte et spécialement l'expression *obstrictum emptori*, tendent à prouver que Marcellus décide tout simplement que le mandataire ne pourra triompher dans la revendication à cause de son obligation de garantie et à cause de cela seulement.

M. Labbé veut appuyer sa manière de voir et son interprétation de la loi 49 sur un autre texte, la loi 10, D. 20, 5. Voici l'espèce : un créancier a vendu et livré, *jure creditoris*, le bien hypothéqué croyant qu'il appartenait au débiteur, tandis que réellement il appartenait à lui-même, pourra-t-il lorsqu'il découvrira l'erreur, évincer l'acheteur ? Il ne le pourra pas d'après la décision de Paul. Le savant professeur fait remarquer que le créancier qui a vendu et livré *lege pignoris*, *jure creditoris*, en déclarant la qualité en laquelle il procédait, n'est pas tenu de l'obligation de garantie lorsqu'un tiers évince l'acheteur ; de là, il tire cette conclusion que si le créancier vendeur n'est pas admis à revendiquer avec succès dans notre espèce, c'est uniquement parce que la propriété a passé à l'acheteur ; or, dit-il, le créancier-vendeur agit en quelque sorte comme mandataire, donc un mandataire tranfère le *dominium* malgré son erreur. Ici encore, il nous est impossible d'accorder au texte invoqué la portée que l'on voudrait lui donner ; en admettant que le créancier-vendeur doive être considéré comme un mandataire et qu'il ne soit pas tenu de l'obligation de garantie lorsqu'un tiers évince l'acheteur, cela ne prouve pas du tout que Paul lui refuse la revendication par la raison que la propriété a quitté sa personne ; un vendeur, en effet, est toujours garant de son propre fait alors même qu'il ne le serait pas de celui des autres, et c'est, croyons-nous, en vertu de cette seule considération que Paul condamne ses prétentions.

De l'interprétation que M. Labbé donne à la loi 49, il résulte pour lui une contradiction très-apparente entre ce fragment et la loi 35 que nous avons reproduite en premier lieu. Le savant interprète aurait pu dire : le rapprochement de ces deux textes prouve que Marcellus et Ulpien n'avaient pas en cette matière la même manière de voir ; mais il veut à tout prix une conciliation, et dans ce but il s'exprime en ces termes : « il faut avouer que la contradiction est très-apparente. La conciliation est possible et à notre avis satisfaisante pour l'esprit, si l'on réfère le fragment d'Ulpien à une hypothèse ainsi déterminée : je me crois propriétaire d'un bien, je le possède par un tiers qui le détient pour moi en qualité de mandataire, de dépositaire, de commodataire, etc. Je vends ce bien, et pour en opérer la tradition, j'ordonne au détenteur actuel, mon mandataire, de le livrer, de s'en dessaisir au profit de l'acheteur. S'il se trouve que le mandataire soit propriétaire, il ne sera pas dépouillé de la

propriété par cette tradition à laquelle il a coopéré.
Pourquoi ? Parce qu'ici le mandataire n'a fait, ni la
vente, ni même en réalité la tradition. Il a été un
instrument, il a prêté son ministère pour consom-
mer une aliénation que d'autres avaient conclue et
consentie..... Le mandataire qui ne s'est constitué
ni vendeur, ni *tradens*, ne saurait perdre la propriété dont il est à son insu investi. » Pour nous,
qui sommes d'avis que la loi 49 et la loi 35 renferment la même doctrine et ne font soupçonner aucun dissentiment entre Marcellus et Ulpien, nous
n'avons pas à concilier les deux textes. Mais nous
devons protester contre la conciliation qui vient d'être
exposée, parce qu'elle tend à donner à Ulpien une
opinion qui, nous en sommes persuadé, n'était
pas la sienne. Au surplus, prise en elle-même, cette
conciliation nous semble inadmissible. En effet,
rien ne prouve d'abord que le jurisconsulte se soit
placé dans une hypothèse aussi peu vraisemblable
que celle qu'on lui prête ; et en second lieu, ce qui
prouve qu'il ne s'y est pas placé, c'est qu'il donne
de sa décision un motif qu'il proclame comme un
principe applicable dans tous les cas possibles :
nemo errans rem suam amittit.

Certainement, il nous en coûte de combattre l'o-
pinion d'un interprète justement estimé ; mais,
nous le répétons pour nous résumer, Ulpien déclare formellement que la propriété ne passait pas
du mandataire *errans* à l'acheteur, et sa doctrine
paraît avoir été généralement adoptée. Si, d'après

Marcellus, le mandataire ne doit pas être admis à revendiquer avec succès contre l'acheteur, c'est par l'unique raison qu'il est revêtu de la qualité de garant.

ANCIEN DROIT

Après la chute de l'Empire romain, qu'est devenue sur la terre de France la doctrine d'après
laquelle la vente de la chose d'autrui était valable ?
Certains interprètes prétendent que dans le Bré-
viaire d'Alaric (*lex romana Visigothorum*), dans
le droit canonique, et dans la plupart des coutumes
jusqu'au XIVe siècle, la doctrine de la validité fut
méconnue et abandonnée. A l'appui de cette assertion, ils citent entre autres documents un passage
de Beaumanoir (Coutumes de Beauvoisis, ch.
XXXIV, § 53) où l'ancien bailli de Senlis, de
Clermont en Beauvoisis et de Normandie, décide
que quand le promettant a cru que la chose lui
appartenait, tandis qu'en réalité elle appartenait à
un tiers, la convention est *de nulle valeur*. Nous
ne ferons pas à ce sujet des recherches multiples
qui nous entraîneraient en dehors du cadre res-
treint de cette thèse ; elles ne présenteraient d'ailleurs aucun intérêt doctrinal, par la raison que
cette jurisprudence de la nullité, si tant est qu'elle

ait existé d'une manière générale, était manifestement contraire à la logique et à toutes les traditions juridiques basées sur le bon sens ; en effet,
en supposant qu'à cette époque on ait admis un
principe nouveau et que le vendeur ait été tenu de
transférer la propriété, supposition qui offre beaucoup de vraisemblance, il n'en est pas moins certain que l'ancienne règle romaine, d'après laquelle
la vente n'engendre que des obligations, a continué
à subsister, car la dessaisine et la saisine étaient
exigées pour le transfert de la propriété ; or, nous
le savons, du moment que la vente ne crée que
des obligations, la vente de la chose d'autrui doit
rationnellement être proclamée valable.

A une époque plus récente, quand le droit
romain fut enseigné avec ardeur dans les univer-
sités et qu'il devint l'objet d'un véritable culte,
nos pères en acceptèrent souvent les principes
avec une confiance et un respect aveugles. Sans
chercher bien loin, en ouvrant Pothier, il est facile
de se convaincre que, notamment en matière de
vente, les antiques errements de cette législation
furent pratiqués. Dans l'article préliminaire à son
traité du contrat de vente, Pothier s'exprime en
ces termes : « le contrat de vente est un contrat
par lequel l'un des contractants, qui est vendeur,
s'oblige envers l'autre de lui faire avoir librement,
à titre de propriétaire, une chose pour le prix
d'une certaine somme d'argent, que l'autre contractant, qui est l'acheteur, s'oblige réciproquement
de lui payer. J'ai dit *de lui faire avoir à titre de*

propriétaire ; ces termes, qui répondent à ceux-ci : *præstare emptori rem habere licere*, renferment l'obligation de livrer la chose à l'acheteur, et celle de le défendre, après qu'elle lui a été livrée, de tous troubles par lesquels on l'empêcherait de posséder la chose et de s'en porter pour le propriétaire ; mais ils ne renferment pas l'obligation précise de lui en transférer la propriété ; car un vendeur qui vend une chose dont il croit de bonne foi être le propriétaire, quoi qu'il ne le soit pas, ne s'oblige pas précisément à en transférer la propriété ; *hactenus tenetur ut rem emptori habere liceat, non etiam ut ejus faciat* (loi 30, § 1, D. 19, 1). C'est pourquoi, quand même l'acheteur découvrirait que le vendeur n'était pas propriétaire de la chose qu'il lui a vendue, et conséquemment qu'il ne lui en a pas transféré la propriété, cet acheteur, tant qu'il ne sera pas inquiété dans sa possession, ne pourra pas, pour cela, prétendre que le vendeur n'a pas rempli son obligation. Il est bien de l'essence du contrat de vente que le vendeur ne veuille pas retenir le droit de propriété de la chose qu'il vend, lorsqu'il en est le propriétaire, et qu'il soit tenu, en ce cas, de la tranférer à l'acheteur : *nemo potest videri eam rem vendidisse de cujus dominio id agitur ne ad emptorem transeat* (loi 80, D. 18, 1) ; mais, lorsque le vendeur n'est pas le propriétaire et qu'il croit de bonne foi l'être, il ne s'oblige qu'à défendre l'acheteur contre tous ceux qui voudraient lui faire délaisser la chose et l'empêcher de s'en porter pour le propriétaire. »

De cet exposé, il résulte clairement : 1° que le vendeur n'était pas obligé de transférer la propriété ; 2° que la vente n'engendrait que des obligations.

Du moment que la vente n'était que productive d'obligations, la logique conduisait à décider que la vente de la chose d'autrui était valable, et, en effet, Pothier au numéro 7 du même traité dit formellement : « on peut vendre valablement, non-seulement sa propre chose, mais même la chose d'autrui, sans le consentement de celui qui en est le propriétaire. Il est vrai que celui qui vend la chose d'autrui ne peut pas, sans le consentement du propriétaire, transférer la propriété de cette chose qui ne lui appartient pas ; mais le contrat de vente ne consiste pas dans la translation de la propriété de la chose vendue ; il suffit, pour qu'il soit valable, que le vendeur se soit valablement obligé de faire avoir à l'acheteur la chose vendue, et l'obligation qu'il en a contractée ne laisse pas d'être valable, quoi qu'il ne soit pas en son pouvoir de la remplir, par le refus que fait le propriétaire de la chose de consentir à la vente. Il suffit que ce que le vendeur a promis ait été quelque chose de possible en soi, quoiqu'il ne fut pas en son pouvoir ; il doit s'imputer de s'être témérairement obligé. »

Nous retrouvons donc en France, en plein dix-huitième siècle, les deux principes romains que nous avons exposés au commencement de cette thèse. Toutefois, disons-le, ils étaient alors fortement ébranlés.

En ce qui concerne le premier de ces principes, Caillet, professeur à Poitiers, élevait dès [le début du XVIIe siècle des protestations aussi énergiques que sensées. Pothier ne le cache pas au numéro 48 : « Caillet, professeur de Poitiers, vers le commencement du XVIIe siècle, dans un fort beau commentaire *ad tit. Cod. de evict.*, qui est dans le Thesaurus de M. Meerman, tome II, dit que le principe des jurisconsultes romains, que le vendeur n'est pas censé s'obliger précisément à transférer à l'acheteur la propriété de la chose vendue, est un principe purement arbitraire, adopté par ces jurisconsultes, qui n'est point pris dans la nature, et qui ne doit point être suivi dans notre pratique française ; cot autcur ne cite aucun garant de son opinion. Le principe des jurisconsultes paraît avoir son fondement dans la nature du contrat, et dans les termes qui y sont usités : on y dit que le vendeur *vend*, et pour expliquer ce terme *vend*, on ajoute *cède, quitte et délaisse, et promet garantir et défendre de tous troubles ;* ces termes ne présentent d'autre obligation contractée par le vendeur, que celle de céder à l'acheteur tout le droit qu'il a dans la chose en la lui délaissant, et de le défendre de tous troubles qu'on pourrait apporter à sa possession. L'obligation de transférer la propriété de la chose n'est point exprimée par ces termes. »

Pothier, on le voit, était tellement plongé dans les doctrines scolastiques émanées du droit romain, qu'il résistait au courant des idées nouvelles ;

d'autres jurisconsultes, ses contemporains, nous font voir cependant que, dans la pratique, on n'admettait plus que le vendeur n'était pas obligé de transférer la propriété. Claude de Ferrières s'exprime ainsi : « La garantie de droit ou garantie naturelle est celle qui est de droit et d'équité, et de laquelle est toujours tenu celui qui a livré une chose à titre de vente ou autre équipollent, sans qu'il y ait aucune clause de garantie dans le contrat. Cette garantie regarde *la propriété* de la chose et est la même que la garantie formelle : c'est-à-dire que la chose existe, *qu'elle appartient au vendeur* ou au cédant et qu'elle n'est point hypothéquée à autrui. Elle a lieu dans tout contrat de vente ou autre équipollent, en cas d'éviction, à moins qu'il n'y ait convention contraire, étant juste que *le vendeur garantisse que la chose lui appartient au moment de la vente*, réponde de l'éviction au cas qu'elle arrive... » (Dictionnaire de droit et de pratique). Rousseaud de la Combe dit aussi : « Le vendeur ayant fait délivrance, ne transmet *la propriété* à l'acquéreur qu'autant que ce dernier a payé le prix, ou que le vendeur à suivi sa foi. » (Recueil de jurisprudence civile et criminelle.)

D'un autre côté, le principe que la vente engendre des obligations seulement, que le simple accord de deux volontés ne saurait transférer la propriété, tendait de jour en jour à disparaître comme le premier, à mesure que le droit se spiritualisait et que l'on s'éloignait d'un âge grossier. Au temps de Pothier et avant lui déjà, on n'exigeait plus la tradition réelle, la remise matérielle de la chose, pour opérer ce transfert ; la simple clause de dessaisine saisine suffisait ; ce jurisconsulte dit au numéro 313 : « dans notre coutume d'Orléans, la simple clause de dessaisine saisine, qui s'insère dans les actes qui se passent devant notaires, équipolle à tradition suivant l'art. 278. »

Une révolution juridique se préparait donc et se faisait pressentir, elle finit par éclater. Dans le premier projet du Code civil, présenté par Cambacérès à la Convention nationale, en 1793, on lit, sous l'article 1, livre III, titre III : « la vente est un contrat par lequel *on remet* à un autre *la propriété* d'une chose ou d'un droit. » L'article 15 débute par ces mots : « *du moment que le contrat est formé*, la *propriété* passe à l'acheteur... » Ainsi, d'après ce projet : 1° le vendeur doit le transfert de la propriété ; 2° le vendeur, par le contrat, ne s'oblige pas à remettre cette propriété, il la remet instantanément *solo consensu.*

Le moment est venu d'examiner si cette nouvelle doctrine, féconde en conséquences, à oui ou non été consacrée par la rédaction définitive du Code de 1804.

DROIT FRANÇAIS

CHAPITRE I.

ORIGINE ET CARACTÈRE DE LA NULLITÉ QUI FRAPPE LA VENTE DE LA CHOSE D'AUTRUI DANS LE CODE DE 1804.

Le code de 1804 a consacré la nouvelle doctrine émanée de la spiritualisation progressive du droit et dont nous avons rencontré le premier énoncé législatif dans le projet soumis à la Convention nationale en 1793.

Les articles 711, 1138 et 1583 prouvent que dans notre législation actuelle, non-seulement le vendeur doit transférer la propriété, mais encore que le seul contrat de vente, que le simple accord des volontés opère instantanément ce transfert. De nos jours, dans la pratique des affaires, les parties entendent que l'acheteur deviendra immédiatement propriétaire par l'effet de la convention ; *vendre* ne signifie plus *s'obliger à fournir*, il signifie *aliéner ;* *acheter*, c'est acquérir ; quand une personne dit :

je vous *vends* ma maison A pour 50,000 francs, c'est comme si elle disait : je vous transfère la propriété de ma maison A pour 50,000 francs.

Or, ce bouleversement des anciens principes entraîne une conséquence qui éclate à tous les yeux, à savoir que dans notre droit français la vente de la chose d'autrui est nulle. En effet, puisque le contrat de vente n'est pas séparable de la translation de propriété, puisque *vendre c'est aliéner*, il est évident que l'on ne peut vendre que sa propre chose. La raison s'oppose à ce qu'une personne puisse instantanément et par la seule convention, investir une autre personne d'une propriété qu'elle n'a pas (*nemo plus juris ad alium transfere potest quam ipse habet*), et quand Paul et Pierre veulent qu'en retour d'une certaine somme la propriété d'une chose appartenant à Jacques passe de l'un des deux contractants à l'autre par le simple accord de leurs volontés, il est clair qu'il n'y a pas vente, puisqu'il n'y a pas d'aliénation possible ; il n'y a pas non plus un autre contrat, puisque les parties n'ont voulu qu'une vente, il y a (au point de vue contractuel) le néant.

Toutefois, nous devons placer ici une observation importante. Dans notre droit, on donne parfois le nom de vente à des contrats qui ne renferment, comme en droit romain, que des obligations de faire résolubles en dommages-intérêts pour le cas d'inexcution ; il est certain que ces sortes de vente peuvent valablement porter sur la chose d'autrui. Ainsi, quand Paul vend à Pierre la maison de Jacques avec l'intention déclarée de s'obliger seulement à procurer cette maison à Pierre, après l'avoir acquise de son propriétaire, le contrat est valable, mais il n'y a plus dans l'espèce la véritable vente moderne, il y a plutôt un contrat innommé. Il en est de même dans le cas où la personne qui prend le titre de vendeur fait connaître qu'elle se borne à se *porter fort* de la rectification du véritable propriétaire ; et dans le cas où une personne vend des choses *déterminées seulement quant à l'espèce*, dont elle ne possède pas présentement le moindre spécimen. Dans toutes ces hypothèses, le contrat est valable, parce qu'il ne renferme qu'une obligation de faire, et que l'on peut s'obliger valablement à l'occasion de la chose d'autrui ; mais, encore une fois, on se trouve plutôt en présence d'un contrat innommé qu'en présence d'une vente. La véritable vente moderne est le contrat dans lequel les parties entendent opérer *solo consensu* la transmission de propriété d'un corps certain et déterminé, et cette vente, la seule qui nous occupe, est évidemment nulle quand elle porte sur une chose appartenant à un tiers.

D'ailleurs, pour mieux faire ressortir la nullité qui s'attache à ce contrat, nous allons établir les différentes hypothèses qui peuvent se présenter.

Première hypothèse. *Les deux parties ignorent que la chose appartient à un tiers.* Dans ce cas l'obligation de l'acheteur manque de *cause*, car il n'obtient pas la transmission de propriété en vue de laquelle il s'est engagé à payer une somme d'argent.

L'obligation du vendeur manque *d'objet*, puisque cet objet consiste dans une chose impossible, la transmission immédiate de la propriété.

Enfin, on peut ajouter qu'il y a une *erreur* commune qui détruit tout consentement.

Le contrat est donc absolument nul.

Deuxième hypothèse. *Les deux parties savent que la chose appartient à un tiers.* Continuant à supposer que les parties n'ont pas entendu se procurer l'adhésion du propriétaire et contracter une simple obligation de faire, nous disons que le contrat est radicalement nul, non plus parce qu'il manque de *cause* et *d'objet*, non plus parce qu'il est entaché *d'erreur* sur une situation substantielle, mais parce que :

1° Comme vente engendrant le transport actuel et immédiat de la propriété, il est entièrement *irréalisable* ;

2° Parce qu'il tend à la spoliation préméditée du propriétaire, et que comme tel il est *contraire aux bonnes mœurs et à l'ordre public*, circonstance qui suffit à lui enlever toute validité contractuelle, en vertu des principes généraux du droit et spécialement des articles 6, 1131 et 1133.

Troisième hypothèse. *L'un des deux contractants sait que la chose appartient à un tiers, l'autre l'ignore.* Si nous supposons l'acheteur de bonne foi, le contrat est nul, parce que son obligation manque de *cause* ; il ne s'est obligé, en effet, que dans le but d'obtenir instantanément la propriété de la chose, but impossible à atteindre.

Est-ce le vendeur qui est de bonne foi ? Le contrat est nul, parce que son obligation manque *d'objet*.

Au surplus, on ne saurait prétendre, ni dans la première espèce, ni dans la seconde, que le vendeur s'est au moins *obligé à procurer la chose*, car à cet égard le *consentement* fait complètement défaut.

Enfin, nous ferons remarquer que le contrat est entaché d'une *immoralité* incontestable du côté de celle des parties qui connaissait le vice de la vente.

Ainsi donc, dans tous les cas, la vente de la chose d'autrui est absolument nulle, elle n'engendre aucun lien contractuel, et l'on arrive par la seule force du raisonnement à cette solution qui est commandée par les principes du droit français disséminés dans le Code de 1804. Cependant, au titre de la vente, les rédacteurs du Code ont voulu affirmer cette doctrine dans un article spécial, l'article 1599, lequel est ainsi conçu : « la vente de la chose d'autrui est nulle ; elle peut donner lieu à des dommages-intérêts lorsque l'acheteur a ignoré que la chose fut à autrui. »

Il faut l'avouer, les orateurs qui ont pris part à la discussion de l'article se sont placés parfois à des points de vue critiquables et ils ont professé quelques théories inexactes. M. Tronchet, par exemple, a dit : « le droit romain valide ces sortes de vente pourvu qu'il soit prouvé que le vendeur n'ignorait pas que la chose ne lui appartenait pas. De cette condition naissaient des questions très-difficiles à résoudre. On a voulu les prévenir par ces mots : *qualifiée telle dans le contrat.* On a voulu également ment écarter les subtilités du droit romain, car il est ridicule de vendre la chose d'autrui. » Or, nous ferons remarquer que le droit romain validait ces sortes de vente dans tous les cas, soit que le vendeur ait su, soit qu'il ait ignoré que la chose ne lui appartenait pas. En second lieu, il n'y avait rien de subtil et rien de ridicule à valider ces sortes de contrat dans une législation où la vente était simplement productive d'obligations. Enfin, vouloir prévenir les difficultés par ces mots, *qualifiée telle dans le contrat,* qui figuraient dans une première réduction de l'article, c'était employer un singulier moyen, car il saute aux yeux, comme l'a fait observer M. Berlier, que la vente de la chose d'autrui est indubitablement nulle, *soit qu'on l'ait ou non qualifiée telle* ; nous ajouterons que quand les contractants ont déclaré acheter et vendre la chose d'autrui, cette déclaration tend précisément à valider le contrat, car la plupart du temps elle montre que les parties ont simplement voulu contracter une obligation de faire ; dans l'espèce, il est vrai, le contrat n'est plus une véritable vente, mais tel qu'il se comporte il est valable. Il ne faut donc pas accorder une importance exagérée aux discours qui ont été tenus à l'occasion de la rédaction de notre article 1599 ; surtout, il ne faut pas accepter comme dogmes juridiques toutes les théories qui ont été émises ; mais il résulte néanmoins de l'ensemble de la discussion, que, conformément à la logique et aux notions du simple bon sens, le législateur a certainement entendu frapper d'une nullité absolue la vente de la chose d'autrui.

Le tribun Faure, lors de la communication officielle au tribunat, s'est exprimé dans ces termes : « Quoique la chose vendue existe, il faut de plus en avoir la propriété ; la vente d'un objet quelconque est déclarée nulle par la nouvelle loi, dans le cas où il appartiendrait à tout autre qu'au vendeur. Point de distinction, si le contrat porte ou non que c'est la chose d'autrui. La loi romaine permettait de vendre ce dont on n'était pas le propriétaire, sauf à l'acheteur de restituer la chose quand le propriétaire la réclamait (loi 28, Dig. lib. 18, tit. 1). Le motif de la nouvelle loi est que l'on ne doit pas avoir le droit de vendre une chose, quand on n'a pas celui d'en transmettre la propriété. *La transmission de la propriété est l'objet de la vente.* C'est au propriétaire même à vendre la chose, si bon lui semble ; mais pour celui qui ne l'est pas, la seule obligation, dont l'exécution dépende de lui, consistant dans les dommages et intérêts, c'est par une pure subtilité qu'on l'appelle vendeur. Car, si le même jour où celui-ci vend, le véritable propriétaire vendait, *il faudrait donc dire qu'il y a deux ventes, ce qui serait absurde.* Si l'acheteur de la chose d'autrui a payé le prix, le vendeur lui en doit la restitution avec les intérêts ; les frais se compensent avec eux lorsque l'acquéreur a joui de la chose. »

Lors de la discussion devant le Corps législatif, M. Grenier a dit : « Suivant le droit romain, *qui était généralement observé à ce sujet et qui avait force de loi*, le vendeur et l'acquéreur pouvaient respectivement vendre et acheter la chose qu'ils auraient su ne pas appartenir au vendeur ; l'acquéreur avait le droit, ou de revendiquer la chose vendue, si elle venait au pouvoir du vendeur, ou si celui-ci était dans l'impossibilité de la délivrer, l'acquéreur pouvait réclamer des dommages et intérêts à raison de l'excès de valeur de la chose vendue au-delà du prix de la vente. Cette législation, qui, dans quelques cas, pouvait favoriser des vues immorales, a paru contraire au vrai principe de la vente. Son unique but doit être la transmission d'une propriété ; or, la vente d'une chose qui n'appartient pas au vendeur, telle, par exemple, que celle qu'un fils ferait d'un immeuble appartenant à son père encore vivant, ne peut pas être le germe d'une transmission de propriété. Il a donc paru plus conforme à *la nature des choses* et aux vues saines de *la morale*, d'annuler l'engagement comme vente. Il ne pourra donner lieu qu'à *la seule restitution du prix* ; et dans le cas où il ne serait pas établi que l'acquéreur eût su que la chose était à autrui, l'acte ne produira *qu'un seul effet*, qui sera de donner lieu à des dommages et intérêts. Il n'aura pas pu acquérir la propriété, parce que son vendeur n'a point pu lui transmettre plus de droits qu'il n'en avait ; mais, ne devant pas être victime de sa bonne foi, il pourra réclamer des dommages et intérêts. Au surplus, il est aisé de comprendre que cette disposition législative a principalement trait aux immeubles, et qu'on ne peut point l'appliquer aux objets qui font la matière des transactions commerciales, et qu'il est au pouvoir et *dans l'intention* du vendeur de se procurer. »

De ces discours et de plusieurs autres, il résulte clairement que les rédacteurs du Code ont voulu prohiber la vente de la chose d'autrui comme *impossible et parfois immorale. Impossible*, car dans aucun cas (en droit et en raison du moins) on ne peut transmettre à une personne, par la seule force de la volonté, une propriété que l'on n'a pas ; *parfois immorale*, car au cas particulier où les parties sachant que la chose appartient à un tiers ont entendu se passer de son consentement, le contrat renferme une pensée d'usurpation réprouvée par la morale la plus vulgaire.

Ainsi la nullité absolue de la vente de la chose d'autrui ressort du nouveau principe consacré par les articles 711, 1138, 1583, à savoir que le transfert de la propriété s'opère *solo consensu*, et que la vente, dans la pratique actuelle, est un mode d'aliénation ; elle ressort, en outre, au cas de mauvaise foi, des articles 6, 1131 et 1133 ; enfin, elle ressort spécialement de la discussion de l'article 1599 et de la rédaction définitive de cet article, qui était d'ailleurs superflu, puisqu'il ne fait qu'affirmer un point de droit évident par lui-même.

Etant donné, cet état de choses, on se croirait

autorisé à penser que les interprètes du Code civil n'ont pas hésité un seul instant à reconnaître et à proclamer la nullité en question ; eh bien, on se tromperait étonnamment. Selon M. Bravard-Veyrières, l'article 1599 constitue « une erreur indigne du législateur. » (Traité de droit commercial.) Sans insister sur cette opinion quelque peu surprenante, nous avouerons que ce n'est pas à propos de l'article 1599 que nous nous attendions à voir le législateur si sévèrement jugé.

D'autres auteurs, sans se prononcer aussi énergiquement que M. Bravard-Veyrières, n'acceptent qu'à regret cet article devenu célèbre par les mutilations qu'on a voulu lui infliger ; ils cherchent à détruire sa portée en soutenant qu'il n'édicte qu'une simple *annulabilité*. Au surplus, ces auteurs, bien entendu, ne sont pas d'accord sur la base rationnelle de cette annulabilité ; les uns la trouvent dans une erreur sur la substance donnant lieu à une rescision ; car, disent-ils, c'est une qualité substantielle de la chose vendue d'appartenir au vendeur ; d'autres, dans l'absence d'un but final, qui est le transfert de la propriété. Enfin, non-seulement ils ne s'entendent pas sur le fondement juridique que l'on doit assigner à l'annulabilité, mais ils ne s'entendent pas davantage sur les conséquences pratiques qu'elle entraîne ; ainsi, d'après M. Troplong et M. Laurent, la vente de la chose d'autrui n'est annulable que dans l'intérêt de l'acheteur, qui peut seul demander la nullité. M. Duvergier, au contraire, donne l'action même au vendeur, pourvu que ce dernier ait été de bonne foi au moment du contrat.

On a dit aussi que la vente de la chose d'autrui ne donnait lieu qu'à une *résolution* provenant de l'inexécution des engagements de l'une des parties. Ce système, professé avec talent par M. Colmet de Santerre, mérite d'être reproduit. « On comprend très facilement, dit cet auteur, la disposition de l'article 1599, si on consent à le lire comme s'il disait : La vente est *résoluble*, au lieu de dire : elle est *nulle*. Il établirait un cas de résolution plutôt qu'un cas de nullité. Certes, l'expression est détournée de son sens propre, mais on peut l'interpréter ainsi sans dénaturer véritablement la portée de l'article. Qu'est-ce en effet que résoudre un contrat ? C'est l'anéantir, le rendre sans effet, sans force, le rendre nul. Voilà peut-être par quelle gradation d'idées le législateur a pu employer une expression dans le sens large que lui donnait la langue vulgaire, plutôt que dans son sens technique, dire : La vente est nulle, pour dire : Elle est résoluble. En traduisant ainsi l'article 1599, il est facile de voir à quelle règle générale de droit il doit être rattaché ; il dérive de l'article 1184. Il est l'application de ce principe que, dans les contrats synallagmatiques, chaque partie peut demander la résolution du contrat quand l'autre partie n'exécute pas ses engagements. Puisque le vendeur, dans les idées du droit français, s'est obligé à transférer la propriété de la chose vendue, l'acheteur peut faire anéantir la vente lorsque cette propriété n'est pas transférée, et c'est ce qui arrive lorsque la chose vendue était chose d'autrui. Avec ce principe, nous allons résoudre plus facilement les difficultés qui peuvent naître relativement à la vente de la chose d'autrui : 1° quelles personnes peuvent demander cette résolution que l'on appelle une nullité ? L'acheteur, certainement, puisque c'est dans son intérêt que l'article 1184 sous-entend la condition résolutoire. Quant au vendeur, il n'exécute pas ses obligations et ne peut pas se faire de cette inexécution un titre pour obtenir la résolution du contrat.... etc. »

Ce système est ingénieux, mais nous avons le regret de ne pouvoir lui accorder que cela ; il est en contradiction manifeste avec le texte de l'article, et ce qui est encore plus grave, il se trouve tout à fait inconciliable avec la nouvelle théorie de la vente, dont M. Colmet de Santerre n'a pas l'air de s'inquiéter. De nos jours, nous le répétons, la vente n'est plus un simple échange d'obligations comme ce système tend à le faire croire.

Enfin, M. Marcadé enseigne la nullité absolue ; mais, comme nous le verrons en temps et lieu, il abandonne le principe dans l'exposé des conséquences.

D'où vient que les auteurs (de concert avec la jurisprudence) combattent ou désertent pour la plupart la doctrine de la nullité absolue, doctrine si rationnelle pourtant et si conforme aux règles fondamentales du droit moderne ?

Cela vient tout simplement de ce que les rédactions du Code, après avoir rédigé l'article 1599 qui est marqué au coin du bon sens, ont perdu de vue l'ordre d'idées duquel il émane, puis sont allés chercher certains articles, notamment les articles relatifs à la garantie du chef d'éviction, dans Pothier, dans les coutumes de Paris et d'Orléans, en un mot, dans une législation qui, d'après ses principes, comportait, contrairement à la nôtre, la validité de la vente de la chose d'autrui. Quand on perd de vue les principes, on s'expose à tomber dans le chaos, c'est ce qui est arrivé. Dans le Code de 1804, nous avons d'une part un article qui décide que la vente de la chose d'autrui est nulle ; d'autre part, des articles (1626 et suivants) desquels il résulte que de toute vente de la chose d'autrui (même la vente pure et simple d'un corps certain) naît une obligation contractuelle, l'obligation de garantie ; or, il est évident qu'un contrat nul ne saurait engendrer des obligations contractuelles ; il y a donc contradiction flagrante, et c'est pour pallier cette contradiction que les interprètes torturent le texte de l'article 1599, c'est dans le but louable de tout concilier qu'ils disent : le mot *nul* doit être entendu dans le sens d'*annulable,* ou de *résoluble.* Vains efforts ! A une hérésie ils en substituent une autre, voilà tout.

Pour nous, nous estimons que quand on rencontre dans une loi deux décisions incompatibles, dont l'une est conforme aux principes et l'autre ne l'est pas, il n'y a pas à hésiter, c'est celle qui pèche par la base doctrinale, c'est-à-dire au cas particulier, la garantie du chef d'éviction, qui doit être rejetée.

Sans doute, les décisions du législateur s'imposent au respect de tous : tant qu'elles existent, elles doivent être scrupuleusement exécutées ; mais encore serait-il désirable qu'on ne les laissât point en hostilité manifeste avec la raison. Le Code de 1804 n'est pas la loi des Douze Tables ; nous ne sommes plus au temps où l'on ne dérogeait que par des subterfuges à une législation aussi vénérée qu'elle était insuffisante et défectueuse ; cette manière de légiférer, qui fait l'admiration de certains romanistes, ne saurait convenir à notre époque à cause de son caractère de pusillanimité superstitieuse. De nos jours, quand une loi renferme des contradictions, elle ne doit pas être tournée, mais modifiée franchement, et en attendant il est du devoir de ceux qui sont appelés à l'interpréter de dire ouvertement ce qu'ils en pensent. *Amicus Plato, sed magis amica veritas.*

D'ailleurs, on n'injurie pas les rédacteurs du Code civil en disant que dans leur œuvre il s'est glissé des erreurs. Ces erreurs étaient pour ainsi dire inévitables, quand on considère, d'une part, l'étendue et la difficulté de la tâche ; d'autre part, la rapidité fiévreuse avec laquelle elle a été accomplie, et l'on peut, croyons-nous, soutenir que le paragraphe relatif à la garantie du chef d'éviction est défectueux, sans dénigrer de parti pris nos gloires nationales.

Les interprètes du Code civil, nous venons de dire pourquoi, sont pour la plupart hostiles à la nullité absolue de la vente de la chose d'autrui ; nous devons ajouter maintenant, que pour la plupart, ils se gardent d'insister sur le point de droit capital, à savoir que de nos jours la vente n'est plus un contrat engendrant seulement des obligations réciproques, mais un mode d'aliénation ; que *vendre*, c'est *aliéner*. Deux de nos adversaires cependant, M. Bonafos et M. Guillouard, sentant que l'argument tiré de cette nouvelle doctrine fait la force et constitue la base de notre système, ont cherché à l'ébranler. A eux seuls nous répondrons, puisque seuls, à notre connaissance, ils nous attaquent dans nos positions.

Dans une monographie intitulée : *Etude sur le legs et la vente de la chose d'autrui*, M. Bonafos s'exprime ainsi : « On a voulu donner à l'article 1138 un sens et une étendue qu'il n'a pas ; on a vu dans cet article une innovation profonde, une scission complète avec le droit romain et l'ancien droit, innovation fondée sur les idées spiritualistes qui ont guidé nos législateurs, tandis qu'en réalité l'article 1138 n'a pas été plus spiritualiste que les pays de coutume et même de droit écrit ; il n'a fait, en un mot, que sanctionner ce que *les mœurs* et *la pratique* avaient établi depuis 1800 ans. Depuis longtemps, en effet, le principe que la propriété était transférée par la tradition avait été singulièrement modifié, en fait, par l'ancienne jurisprudence. Une tradition civile, une tradition

feinte suffisaient ; la clause de constitut et de pré-
caire ou de dessaisine-saisine, dont l'origine remon-
tait au droit romain, était devenue de style dans
tous les actes ayant pour but une mutation de
propriété. N'était-ce point, en réalité, le consentement qui transférait la propriété, puisque la
simple volonté des parties, manifestée par une
clause expresse, suffisait pour tenir lieu d'une tradition ? Seul le souvenir du temps passé, souvenir
que la marche des siècles n'avaient pu détruire,
explique comment on n'avait point aboli le principe, comment on l'avait encore respecté quant à
la forme, en détruisant d'une manière à peu près
complète son importance et ses effets. Toutefois
(chose qu'il importe de constater et qui, du reste,
n'est contestée par personne), il ressort clairement
de la nécessité d'une tradition réelle ou fictive
admise par l'ancien. droit, qu'une distinction parfaitement caractérisée existait entre la vente proprement dite, considérée comme contrat productif
d'obligations, et la translation de la propriété.
Le Code civil a modifié ce qui est relatif à la tradition ; plus de tradition réelle ou fictive : la volonté suffit pour transférer la propriété ; elle n'a
pas besoin d'être manifestée d'une manière expresse ;
elle. résulte légalement de la convention par laquelle
on s'engage à la transférer. Mais s'ensuit-il que le
Code ait aboli.la distinction si logique et si rationnelle entre la vente, simple contrat productif d'o-
bligations, et la translation de propriété ? Non ; car
les mots contrats de vente, employés à tout instant

par les rédacteurs de nos codes, n'auraient plus aucun sens. La volonté des parties seule, indépendamment de toute clause spéciale, suffira pour transférer
la propriété ; mais elle ne se confondra point avec le
consentement qui a formé le contrat, et que l'on
pourrait appeler le consentement générique. Une
première manifestation de volonté créera le contrat ;
une seconde manifestation de volonté, conséquence
de la première, transférera la propriété. En fait, ces
deux manifestations différentes de la volonté des
parties se confondront le plus souvent, car elles se
produiront à des intervalles bien courts *et dans la
pratique on les a toujours confondues* ; mais, en
allant au fond des choses, on peut les apercevoir sans
peine, elles n'échappent point à une analyse approfondie.... Le motif qui justifiait à Rome la simple obligation pour le vendeur de tranférer à l'acheteur la
possession civile, n'a plus de raison d'être aujour-
d'hui. Le système français est évidemment préférable
au système romain : celui-ci, en ne permettant pas à
l'acheteur non encore évincé, et qui sait avoir acquis la chose d'autrui, de recourir contre son vendeur, est injuste, il force, en effet, l'acheteur à courir les chances de l'insolvabilité qui peut atteindre
son vendeur, lorsque plus tard il exercera une action en garantie. On s'attache à une chose, on la
cultive avec soin, on l'améliore, on en dispose, quand
on sait qu'elle est à nous définitivement ; il n'en est
pas de même de celle que l'on est sans cesse menacé
de perdre. — D'après le droit romain, obligation,
en règle générale, pour le vendeur de transférer la

possession civile, par exception, de transférer la propriété. En droit français, obligation de transférer la propriété imposée toujours, en principe au vendeur. *Mais là s'arrêteront les différences ; il n'y en aura point d'autres en réalité.* La distinction entre la vente, simple contrat productif d'obligations, et la translation de propriété, existe toujours d'une manière moins sensible, moins dessinée, mais tout aussi vraie, tout aussi profonde. En fait, nous le répétons, *ces deux idées tendent à se confondre,* car elles se produisent à des intervalles bien courts ; mais une *analyse approfondie et raisonnée* découvre aisément cette nuance qui échappe à un premier examen. Cette distinction est le vrai motif qui a fait reconnaître, en droit romain, la validité de la vente de la chose d'autrui ; nous admettons sans crainte une solution semblable sous l'empire de nos lois, et nous disons que la vente de la chose d'autrui, loin d'être inexistante, est simplement annulable ; qu'elle a une existence parfaitement légale, jusqu'à ce que la nullité en ait été prononcée »

Nous pourrions prolonger la reproduction de ce système, mais en voilà assez pour le faire connaître et juger. En somme, d'après M. Bonafos, la vente est de nos jours un contrat productif d'obligations, comme à Rome et comme dans notre ancien droit ; aujourd'hui encore, *vendre* veut dire *s'obliger à fournir* et non pas *aliéner ;* c'est pourquoi, selon lui, la vente de la chose d'autrui ne peut être nulle.

Ce système ne saurait tenir un seul instant devant l'idée qu'on se fait de la vente dans la pratique moderne, idée qui a dirigé le législateur dans la rédaction de l'article 1599, comme il est facile de le prouver par les travaux préparatoires. M. Bonafos a beau dire qu'avec une analyse approfondie on peut découvrir dans la vente deux manifestations de volonté, une première manifestation qui crée le contrat, une seconde manifestation qui transfère la propriété, cette analyse psycologique n'est qu'une conception hardie de l'imagination du savant magistrat, elle n'a aucun fondement dans le domaine de la réalité, le seul qui nous intéresse. En effet, il est désormais incontestable, que dans nos mœurs françaises, le vendeur d'un corps certain, qui se croit propriétaire, veut transférer immédiatement la propriété à l'acheteur, et *ne veut que cela ;* il n'entend aucunement *s'obliger à fournir*, à cet égard son *consentement* fait complètement défaut en dépit de l'analyse approfondie de M. Bonafos, de sorte que si le contrat porte sur la chose d'autrui il est *nul*, par la raison que les parties n'ont voulu qu'une aliénation instantanée, et que, dans l'espèce, cette aliénation était irréalisable. Notre honorable contradicteur dit que l'article 1138 n'a fait que sanctionner ce que les mœurs et la pratique avaient établi et reconnu depuis 1800 ans ; que depuis longtemps, en effet, c'était en réalité le consentement qui transférait la propriété. Quest-ce que cela prouve? Cela prouve que pendant 1800 ans, au mépris du changement survenu dans les mœurs et dans la pratique, on a continué à enseigner dans le Droit officiel l'antique doctrine qui convenait à l'époque où le consentement ne transférait pas la propriété ; mais, cela ne prouve pas, comme l'insinue M. Bonafos, que les rédacteurs du Code aient voulu maintenir cet état de choses.

Ils ont tellement voulu le faire cesser, ils ont tellement entendu mettre la jurisprudence d'accord avec les mœurs, qu'ils ont supprimé, dans l'article 1138, la nécessité de la tradition réelle ou feinte. En outre, à propos de l'art. 1599, MM. Tronchet, Portalis, Faure, Grenier ont répété à l'envi que l'on voulait rompre avec la validité de la vente de la chose d'autrui, parce que cette doctrine romaine, suivie dans notre ancien droit, était « subtile, » « peu conforme à *la nature des choses*, » voire même « ridicule ; » or, ce langage a une double portée : 1° il indique certainement une pensée d'innovation ; 2° il montre que l'esprit du législateur de 1804, sous l'influence de la pratique, était devenu réfractaire à l'idée que le vendeur *s'oblige à fournir.*

M. Guillouard (Revue pratique, tome 41) n'accepte pas non plus le système de la nullité absolue. « Marcadé, dit M. Guillouard (n° 9), a trouvé pour défendre l'article 1599 un moyen ingénieux : le législateur nouveau ne s'est pas borné, dit-il, à changer la nature des obligations du vendeur, il ne lui a pas seulement imposé l'obligation de transférer la propriété au lieu de l'obligation de livrer la paisible possession, il a fait plus : il a modifié complétement la nature du contrat de vente, et d'un contrat simplement productif d'obligations il a fait un mode translatif de propriété. Aujourd'hui, vendre, ce n'est plus s'obliger à livrer la paisible possession, ce n'est pas s'obliger à transférer la propriété, c'est transférer immédiatement la propriété, au moment et par l'effet du contrat. Et comme cette translation immédiate de propriété ne pouvait avoir lieu dans la vente de la chose d'autrui, puisque le vendeur n'est pas propriétaire au moment où il vend, on devait annuler la vente. Si, comme le prétend Marcadé, la transmission immédiate de la propriété est de *l'essence* de la vente, il est certain que l'article 1599 consacre une solution logique en prononçant la nullité de la vente de la chose d'autrui, qui ne peut produire ce résultat ; et même il serait vrai de dire, avec M. de Folleville, que si l'article 1599 n'était pas là, les règles fondamentales du droit imposeraient la même solution : mais en est-il-ainsi ? Nous ne le croyons pas, et selon nous, le système de Marcadé repose sur une confusion entre les conditions *essentielles* et les conditions simplement naturelles de la vente ; nous reconnaissons qu'ordinairement, dans la vente, la transmission de la propriété de la chose vendue aura lieu immédiatement, au moment du contrat, que même c'est le vœu du législateur ; mais ce que nous contestons, c'est qu'il en ait fait une règle essentielle à laquelle les parties ne puissent déroger... (n° 11). Le principe que la propriété se transfère au moment même de la convention, n'est point essentiel, puisque les parties peuvent y déroger en insérant dans le contrat une condition suspensive ; mais cette hypothèse, toute fréquente qu'elle soit, n'est pas la seule où la translation de propriété n'a pas lieu au moment même du contrat, et nous citerons plusieurs autres cas où le même résultat se produit, de l'aveu de la plupart des auteurs : 1° l'obligation porte, non pas sur une chose actuellement existante, mais sur une chose future : la propriété ne sera transférée qu'au moment où la chose existera ; 2° l'objet de l'obligation est une chose, meuble ou immeuble, qui n'est pas déterminée dans son individualité, mais seulement dans son genre ; la vente d'une pareille chose est parfaite au jour où les parties ont été d'accord sur la chose et sur le prix, mais elle ne transférera la propriété qu'au moment où l'individualité de l'objet vendu aura été déterminée (art. 1585) ; 3° la vente est pure et simple, l'objet vendu existe au moment du contrat et il est déterminé dans son espèce ; mais les parties conviennent expressément que la propriété ne sera transférée à l'acquéreur qu'après un certain délai, deux mois par exemple (clause insolite et dont il n'y a pas beaucoup d'exemples, dit M. Demolombe ; mais qui, n'ayant rien de contraire à l'ordre public ni aux principes essentiels du droit, devrait être, suivant nous, considérée comme valable) ; 4° la vente porte sur un objet appartenant à un tiers, mais le vendeur s'oblige expressément à faire ratifier la vente par le propriétaire ; la vente est valable, aux termes de l'article 1120. Que devient en présence de ces solutions, la prétendue règle *essentielle* d'après laquelle, dans le contrat de vente, la translation de propriété devrait avoir lieu au moment du contrat ? N'est-il pas plus vrai de dire que ce n'est là qu'un effet *naturel* du contrat de vente ; ou plus généralement de l'obligation de donner, mais qu'il est loisible aux parties de déroger à cette règle, soit en subordonnant à une condition l'effet de la vente, soit en déclarant expressément que la translation de propriété sera différée ? S'il en est ainsi, l'explication donnée par Marcadé pour justifier l'article 1599 n'est point exacte, et il eut été plus conforme aux principes du droit de déclarer valable la vente de la chose d'autrui. »

Ainsi M. Guillouard condamne l'article 1599 et notre système, parce qu'on a conservé le nom de vente à des contrats dans lesquels les parties n'entendent pas transférer immédiatement la propriété. Or, cette argumentation ne saurait nous atteindre. En effet, parce que l'on peut, sous le nom de vente, contracter de simples obligations de faire, que nous sommes le premier à proclamer valables, cela n'empêche aucunement la transmission de propriété d'être *essentielle* quand les parties *ont voulu cette transmission, et n'ont voulu que cela,* c'est-à-dire quand elles ont contracté une vente actuelle, une vente pure et simple, d'un corps certain, la seule à laquelle s'appliquent l'article 1599 et notre théorie de la nullité absolue.

Nous ne nous défendrons pas davantage contre un argument qui frappe évidemment à faux et nous passerons au nº 15 de l'étude de M. Guillouard sur la vente de la chose d'autrui, où nous lisons :

« Pour nous, nous croyons que la nullité est seulement *relative* ; que la vente de la chose d'autrui a une existence juridique ; qu'elle ne pourra être annulée que pendant dix ans ; qu'elle peut être confirmée expressément ; et enfin que l'acqué-reur seul, point le vendeur, en peut proposer la nullité. La vente de la chose d'autrui nous paraît, en effet, réunir tous les éléments nécessaires à la formation du contrat, une chose, un prix, le con-sentement des parties. Si le législateur a déclaré le contrat nul, c'est qu'il a pensé que son exécu-tion présentait une grande incertitude ou qu'il a cru y voir des dangers, mais ce n'est pas parce que le contrat ne pouvait pas se former. Il pouvait tellement bien se former, qu'il suffira d'un mot dans l'acte *indiquant la volonté du vendeur de se porter fort* du fait d'autrui pour que la nullité disparaisse, de l'aveu de tous : *la cause de la nul-lité est donc peu importante en soi, pour dispa-raître si facilement.* »

Ici M. Guillouard nous plonge dans l'étonnement. Comment, la cause de la nullité est peu impor-tante parce qu'il suffit, pour la faire disparaître, d'un mot qui indique que les parties ont entendu, non pas faire tel contrat, mais tel autre ; qu'elles ont voulu, non pas une transmission immédiate de la propriété, qui est irréalisable, mais une simple obligation de faire qui est réalisable ! C'est donc l'intention des parties qui est peu importante aux yeux de M. Guillouard ! Autant dire : la différence entre la vente et le louage est peu importante, car il suffit de changer un mot dans la phrase, il suffit de dire, je vous *loue* ma maison 5000 francs, au lieu de dire : je vous *vends* ma maison 5000 fr.. pour qu'il existe un louage à la place d'une vente.

Bien entendu, l'honorable écrivain de la Revue critique s'appuie, comme tous les partisans de l'annulabilité, sur les articles qui traitent de la garantie en cas d'éviction et il s'écrie qu'on les néglige trop. Nous avons dit plus haut ce que nous pensons de ces malencontreux articles, vestiges du passé ; nous n'y reviendrons pas ; il nous suffira de reproduire les mots qui terminent la dissertation de notre adversaire.

« Les difficultés auxquelles l'article 1599 a donné naissance prouvent, une fois de plus, combien il est dangereux de rompre avec les traditions historiques et d'introduire dans les lois, sous prétexte d'amélioration, un changement aussi complet, et qu'on nous permette de le dire, aussi peu nécessaire que celui qu'a apporté l'article 1599. »

Il est dangereux de rompre avec les traditions historiques ! Ainsi, M. Guillouard regrette le temps où la jurisprudence admettait que le seul accord des volontés est impuissant à transférer la propriété ; il regrette la doctrine d'après laquelle le vendeur *s'obligeait à fournir*, « non pas précisément la propriété » (Pothier), mais quelque chose comme la libre possession.

Qu'il nous soit permis de ne pas partager ses sentiments. Ces doctrines surannées ne nous inspirent aucune admiration, ni aucun regret ; car, à notre avis exprimé déjà au début de cette thèse, elles n'ont dû leur origine qu'aux bizarreries et aux imperfections de l'état social des Romains.

Avec plus de confiance que jamais, nous persévérons à soutenir le système de la nullité absolue, et nous sommes heureux de constater que ce système, qui nous a toujours paru le seul logique, compte parmi ses partisans des défenseurs aussi habiles que convaincus. MM. Leligois et de Folleville, le premier dans la Revue critique, le second dans la Revue pratique, lui ont prêté l'appui de leur talent.

CHAPITRE II.

DES CAS QUI TOMBENT SOUS L'APPLICATION DE L'ARTI-
CLE 1599 ET DE CEUX QUI N'Y TOMBENT PAS.

Maintenant que nous avons établi la base rationnelle et le caractère de la nullité qui frappe de nos jours la vente de la chose d'autrui, nous allons déterminer la sphère d'application de l'article 1599.

Dans un certain nombre de cas, la doctrine et la jurisprudence s'accordent à reconnaître qu'il y a lieu, ou, au contraire, qu'il n'y a pas lieu d'appliquer notre article ; mais plusieurs hypothèses ont soulevé de vives controverses, et nous croyons, pour faciliter l'intelligence de ce chapitre, devoir le distribuer en plusieurs sections.

Dans une première section, nous exposerons les cas où il faut appliquer l'article 1599.

Dans une seconde section, nous passerons en revue les cas dans lesquels la nullité prononcée par l'article 1599 n'est pas applicable.

Dans une troisième section, nous examinerons quelques hypothèses sujettes à controverse.

Enfin, quoique l'article 1599 soit, en principe, applicable à la vente mobilière comme à la vente immobilière, une quatrième section sera consacrée à la question de savoir dans quelles circonstances l'article 2279 s'oppose, en fait, à son application.

SECTION I.

Des cas dans lesquels il faut appliquer l'article 1599.

Des principes fondamentaux du droit français autant que des travaux préparatoires, il résulte que la nullité prononcée par l'article 1599 s'applique :

1° A la vente qui a pour but la translation instantanée de la propriété d'un corps certain appartenant à autrui ; dans cette hypothèse, qui suppose que le vendeur présente la chose comme sienne et qui implique la bonne foi des deux parties, ou de l'une d'elles tout au moins, le législateur a déclaré le contrat nul, parce qu'il y a tout à la fois défaut de *cause*, défaut *d'objet*, défaut de *consentement*.

2° A la vente qui n'a pour but que la transmission de la possession, parce que les parties savent que la chose appartient à un tiers à l'insu duquel elles contractent ; dans cette hypothèse le législateur a déclaré le contrat nul, parce qu'il est entaché d'une *immoralité* flagrante.

Ainsi les rédacteurs du Code, d'accord avec la logique et l'équité, n'ont entendu frapper de nullité que la vente d'un *corps certain* faite à l'insu du véritable maître *dont on n'a pas l'intention de prendre le consentement*, soit par erreur, soit par mauvaise foi. Or, cette sorte de vente se rencontre en pratique dans des circonstances variées dont nous allons donner des exemples.

Ainsi, lorsque l'usufruitier d'un immeuble vend la nue-propriété de cet immeuble, il y a vente de la chose d'autrui tombant sous l'application de l'article 1599.

Quand le copropriétaire d'une chose indivise vend à un tiers la chose indivise tout entière, la vente est valable pour la partie qui appartient au vendeur communiste, mais pour le surplus elle est nulle et soumise à l'application de l'article 1599 comme vente de la chose d'autrui. Bien mieux, l'acquéreur peut même faire prononcer la nullité pour le tout, si la partie qui excède la part de son vendeur est d'une importance telle, que sans cette partie il n'eût point consenti à acheter. Cette décision est autorisée d'une manière formelle par l'article 1636 du Code Napoléon, qui est ainsi conçu : « Si l'acquéreur n'est évincé que d'une partie de la chose et qu'elle soit de telle conséquence, relativement au tout, que l'acquéreur n'eût point acheté sans la partie dont il a été évincé, il peut faire résilier la vente. » Il est évident que la question de savoir si la partie dont l'acheteur a été évincé est assez importante pour entraîner la résolution complète de la vente est une pure question de fait laissée à l'appréciation du juge.

Si le copropriétaire a vendu, non pas l'immeuble entier sur lequel il a un droit indivis, mais son droit *éventuel* sur cet immeuble, on n'est plus en présence d'une vente de la chose d'autrui ; le contrat porte certainement sur la propre chose de l'acheteur, et il est parfaitement valable, car aucun article du Code ne s'oppose à une cession de ce genre.

Quand le copropriétaire d'une *universalité*, un héritier, par exemple, vend avant le partage l'un des immeubles faisant partie de la masse indivise, doit-on appliquer l'article 1599 ? A notre avis on ne doit pas l'appliquer tant que le partage n'a pas eu lieu ; car, dans l'espèce, on ne peut pas dire qu'il y a vente de la chose d'autrui ; il peut arriver que l'immeuble tombe dans le lot du vendeur, auquel cas, ce dernier se trouvera avoir vendu sa propre chose, en vertu du principe déclaratif consacré par l'article 883. Toutefois, ce n'est pas une raison pour que l'acheteur reste désarmé en présence d'une telle situation. Il ne peut être contraint d'attendre l'effet du partage ; aussi pensons-nous qu'il devra être écouté s'il demande la résolution de la vente en s'appuyant sur l'article 1184, car le vendeur s'est engagé tacitement à lui faire avoir tout de suite une propriété complète et il n'a pas rempli cet engagement. Quant aux copropriétaires, aux cohéritiers du vendeur, ils auront le droit d'écarter l'acquéreur au moyen du retrait successoral, mais ils ne pourront avant le partage demander la nullité de la vente ; à leur égard l'argument tiré de l'article 883 reste sans réplique.

Si nous nous plaçons après le partage pour examiner la validité de la vente, et si nous supposons que l'immeuble vendu par l'un des copropriétaires de l'universalité n'est pas tombé dans son lot, alors il est bien certain que l'article 1599 devient applicable et que tous les intéressés sont admis à l'invoquer, soit que la vente ait précédé, soit qu'elle ait suivi cette opération.

Nous n'hésitons pas à voir une vente de la chose d'autrui dans la vente que le mari fait de l'immeuble dotal appartenant à sa femme, au mépris de la prohibition prononcée par l'article 1554. Cependant, nous devons le dire, certains auteurs se fondant sur le texte de l'article 1560 ont émis une opinion contraire. Cet article est ainsi conçu : « Si hors les cas d'exception qui viennent d'être expliqués, la femme, *ou le mari*, ou tous les deux conjointement, aliènent le fonds dotal, la femme ou ses héritiers pourront *faire révoquer l'aliénation* après la dissolution du mariage, sans qu'on puisse leur opposer aucune prescription pendant sa durée : la femme aura le même droit après la séparation de biens. Le mari lui-même pourra faire révoquer l'aliénation pendant le mariage, en demeurant néanmoins sujet aux dommages et intérêts de l'acheteur, s'il n'a pas déclaré dans le contrat que le bien vendu était dotal. » Ces auteurs font remarquer que l'article rapprochant l'aliénation consentie par le mari de celle consentie par la femme donne à celle-ci dans le premier cas, comme dans le second, une *action en nullité* (faire révoquer l'aliénation) et non point l'action en *revendication*; or, disent-ils, s'il y avait vente de la chose d'autrui quand c'est le mari seul qui aliène, c'est l'action en *revendication* et non

l'action en nullité qui devrait être accordée à la
femme. Cet argument de texte nous paraît tout à
fait insuffisant. Tout le monde sait que le législateur de 1804 ne s'est pas distingué par un choix
rigoureux de ses expressions et personne n'ignore
qu'en ce qui concerne spécialement les différences
résultant de la nullité et de l'annulabilité il s'est
montré particulièrement inexact. Il faudrait donc
pour nous convaincre exhiber d'autres preuves, ce
que nos adversaires ne font pas ; ils se bornent à
dire que : « si on traite différemment le mari et
un étranger, c'est que le mari, s'il n'est plus *dominus dotis*, est administrateur des biens dotaux
avec de larges pouvoirs et qu'il est censé avoir agi
comme mandataire de sa femme. » Ceci n'est que
l'explication d'un point de droit qu'il aurait fallu
d'abord démontrer ; il faudrait commencer par
prouver qu'en matière d'aliénation d'un immeuble
dotal le mari est considéré autrement qu'un étranger, et cette preuve, encore une fois, ne ressort pas,
à notre avis du moins, de l'article 1560. Au surplus,
l'explication en elle-même est inadmissible. Il ne
suffit pas, chaque fois que l'on est embarrassé, de
sous-entendre un mandat et de se croire triom-
phant ; cette méthode chère à certains jurisconsultes est vraiment trop commode. On ne nous
convaincra pas davantage avec les « larges pouvoirs » d'administration que possède le mari ; en
définitive, il n'est jamais qu'un administrateur,
ses pouvoirs sont déterminés par l'article 1549, et
cet article ne lui donne pas le droit d'aliéner l'im-

meuble dotal ; bien mieux, l'article 1554 lui défend l'aliénation, et nous avouons ne pas comprendre comment, dans une situation semblable, on ose dire qu'il n'y a pas vente de la chose d'autrui donnant lieu à l'application de l'article 1599. A l'appui de notre manière de voir, nous citerons un arrêt de la Cour de cassation en date du 4 juillet 1849 (D. P. 1849, 1, 330).

L'aliénation d'un bien paraphernal faite par le mari constitue également une vente de la chose d'autrui.

De même, il y a vente de la chose d'autrui quand, sous le régime de la communauté, le mari vend un propre de la femme en dehors des pouvoirs que lui donne la loi, sauf les questions de garantie qui peuvent être soulevées quand on considère que la femme se constitue vendeur pour moitié par l'acceptation de la communauté.

Enfin la Cour de cassation a décidé que quand le futur époux, dans l'intervalle du contrat de mariage à la célébration de l'union civile, vend les biens qu'il avait donnés à la femme par le dit contrat, la vente est entièrement nulle. (Arrêt du 26 janvier 1847 ; D. P. 1847, 1, 63).

Il ne faut pas l'oublier, dans les différentes hypothèses qui viennent d'être exposées, nous supposons toujours que le vendeur a contracté sans déclarer sa qualité d'usufruitier, de copropriétaire, par rapport à la chose vendue, ou que s'il l'a fait connaître, l'intention des contractants a été néanmoins d'agir

à l'*insu* soit du nu-propriétaire, soit des autres
copropriétaires. En effet, nous le savons déjà, et
nous le verrons plus spécialement dans la section
suivante, un usufruitier, un copropriétaire, un
mari, qui exprimeraient l'intention de *se porter
fort* de la ratification du nu-propriétaire, de ses
copropriétaires, ou de sa femme, ne ferait pas une
vente soumise à l'application de l'article 1599. Au
reste, nous n'insisterons pas actuellement sur cette
hypothèse, qui reparaîtra bientôt, et nous termine-
rons cette section par quelques mots sur la vente
faite par l'Etat.

Aujourd'hui, il est hors de doute que la prohibition de vendre la chose d'autrui s'applique à l'Etat
comme aux simples particuliers, et que la vente
faite au mépris de cette prohibition est radicalement
nulle. M. Troplong dit à ce sujet : « Avant la charte,
l'article 94 de la loi du 22 frimaire an VII permettait à l'Etat de comprendre la chose d'autrui dans
une vente de biens nationaux. Le tiers dépossédé
n'avait qu'une action contre le Trésor public pour
être indemnisé. Mais la Cour de cassation a jugé
que depuis la charte, l'inviolabilité des propriétés
particulières ayant été consacrée, il n'y avait plus
rien d'irrévocable dans la vente des choses d'autrui
faites par l'Etat ; que pareille vente était nulle, à
moins qu'elle n'eût pour cause l'utilité publique légalement constatée. »

Nous ajouterons qu'un arrêt du conseil d'Etat,
en date du 30 juillet 1857, décide formellement

que quand un arrêt souverain a reconnu qu'un tiers est le propriétaire véritable d'un terrain vendu par l'Etat, cette vente doit être déclarée nulle, comme vente de la chose d'autrui. En outre, s'il est établi que l'acheteur évincé savait à l'époque du contrat que la chose appartenait à un particulier, cet acheteur, d'après l'arrêt, n'a pas droit à des dommages-intérêts, il peut seulement obtenir la restitution du prix.

Il est donc constant que, de nos jours, l'Etat n'a pas le droit d'aliéner valablement les propriétés privées et que l'article 1599 lui est applicable.

SECTION II.

Des cas dans lesquels la nullité prononcée par l'article 1599 n'est pas applicable.

L'article 1599 n'est pas applicable :

1° Lorsque les parties contractantes ont entendu s'obliger, l'une à payer un prix, et l'autre *à procurer la chose en traitant avec le propriétaire.* Ce contrat est certainement valable, car il ne renferme rien de contraire aux bonnes mœurs et à l'ordre public ; mais ce n'est pas une vente dans le sens proprement dit, c'est un contrat innommé qui ne contient qu'une obligation de faire résoluble en dommages-intérêts pour le cas d'inexécution, c'est-à-dire pour le cas où le propriétaire refuserait de consentir à la cession de son bien.

Certains auteurs prétendent que le contrat est nul quand une personne a déclaré vendre une chose appartenant à un tiers, que le contrat désigne, sans indiquer formellement l'intention de traiter avec le maître légitime. Ils s'appuient sur les paroles suivantes du tribun Faure : « Point de distinction si le contrat porte ou non que c'est la chose d'autrui. » Les paroles du tribun sont certainement dignes d'un intérêt marqué, mais nous ne croyons pas qu'on doive toujours les prendre à la lettre. Dans l'espèce, notamment, il nous semble qu'il est allé un peu loin, ou plutôt, que les expressions dont il s'est servi ont trahi sa pensée, et nous croyons, pour notre part, que le fait de déclarer dans le contrat que la chose appartient à un tiers, est de nature à le valider, car cette déclaration devra faire supposer, dans la plupart des cas, l'intention de prendre le consentement du propriétaire. C'est une question de fait à juger.

Au surplus, remarquons-le, notre manière de voir est entièrement conforme au principe posé par l'article 1157, à savoir qu'il faut entendre les mots employés par les parties dans le sens avec lequel le contrat peut valoir, plutôt que dans le sens avec lequel il serait nul. Pourquoi, de parti pris, prêter aux contractants une intention mauvaise et des desseins pervers ? Aux yeux de la loi, a dit M. Portalis, le bien est toujours prouvé quand le mal ne l'est pas, et nous ne pouvons que louer la sagesse de ce langage.

Nous avons dit plus haut que dans le contrat qui

nous occupe il n'y a pas une vente dans le sens
proprement dit de ce mot et dans le sens de l'article 1599, mais plutôt un contrat innommé conte-
nant une obligation de faire. Il paraît que M. Maynz
(Cours de droit romain) n'est pas de cet avis, car à
la note 19 du paragraphe 199 il s'exprime ainsi :
« Nous trouvant aux courses de Spa, vous vous
extasiez devant un cheval, et me demandez : savez-
vous à qui il appartient ? — A lord Y. — J'en
donnerais bien cinq mille francs. — A ce prix je
m'engage à vous le faire avoir. Dans dix jours, si
vous le voulez, il sera dans vos écuries. — Parfaitement, c'est convenu. — Je m'adresse à lord Y qui
me cède le cheval. Le dixième jour, je me présente
et vous l'offre. Vous refusez, en montrant l'article
1599 du Code Napoléon qui dit que la vente de la
chose d'autrui est nulle. Se trouvera-t-il un juge
qui vous donnerait raison ? Mais il y aura probablement des idolâtres incorrigibles qui, par un
procédé homéopathique, chercheront à voiler l'hérésie du législateur au moyen d'une hérésie nouvelle, en disant que dans ce cas il n'y a pas vente,
mais engagement de faire avoir. » De cette note il
résulte, qu'aux yeux du savant romaniste, l'article
1599 constitue une hérésie et que notre distinction
entre la vente destinée à produire une aliénation
instantanée et celle par laquelle on promet une aliénation plus ou moins éloignée, en est une seconde.
Cela prouve purement et simplement que M. Maynz
vit par la pensée au temps des Gaïus, des Papinien,
et qu'il ne se rend pas un compte exact des idées

nouvelles. Malgré l'autorité légitime dont jouit ce jurisconsulte, qui tonne souvent avec justesse contre la législation de 1804, nous persévérons dans notre première appréciation, et nous estimons que cette fois ses foudres tombent à faux.

2° Lorsque le contractant, qui prend la qualité de vendeur, déclare que la chose ne lui appartient pas, mais qu'il se *porte fort* de la ratification du véritable propriétaire de l'objet vendu. Cette convention, qui ne renferme, comme la précédente, qu'une obligation de faire, ne constitue pas une vente de la chose d'autrui ; elle est formellement autorisée par l'article 1120 et tout le monde s'accorde à proclamer sa validité.

Les tribunaux d'Orléans et de Toulouse, dans leurs observations sur l'article 1599, avaient demandé que l'article déclarât valable la clause par laquelle le prétendu vendeur annonce son intention de se *porter fort* pour le véritable propriétaire. Cette observation a-t-elle passé inaperçue ? Les rédacteurs du Code ont-ils jugé inutile une nouvelle décision en ce sens ? Nous l'ignorons. Ce qu'il y a de certain, c'est qu'il n'est pas trace de cette clause dans l'article 1599 et que néanmoins elle est assurément licite.

3° Quand la vente porte, non pas sur un corps certain, mais sur une ou plusieurs choses *in genere*. Ici encore il n'y a qu'une simple obligation de faire parfaitement valable. D'ailleurs, on ne peut pas dire qu'il y a vente de la chose d'autrui dans le sens ordinaire de ce mot, puisque les genres n'appartiennent à personne.

4° Lorsque la prétendue vente de la chose d'autrui est faite sous la condition suspensive de l'acquisition ultérieure de cette chose par le vendeur. Dans l'espèce, la convention n'a rien de contraire à la morale. De plus, son exécution n'a rien d'impossible, puisqu'il ne s'agit pas d'une translation immédiate de la propriété ; car, comme l'a fait observer M. Portalis, « la règle que la vente est parfaite, bien que la chose vendue ne soit point encore livrée, et que le prix n'ait point encore été payé, ne s'applique qu'aux ventes pures et simples, et non aux ventes conditionnelles ou subordonnées à quelque évènement particulier. »

5° Quand il s'agit d'une chose sur laquelle le vendeur a un droit de propriété résoluble. Dans ce cas le vendeur vend sa propre chose. On peut invoquer en ce sens les articles 859 et 860, desquels il résulte que la personne qui vend l'immeuble donné en avancement d'hoirie l'aliène valablement.

6° Lorsque le vendeur est revêtu de la qualité de mandataire. Evidemment, il n'y a pas dans ce cas une vente *à non domino*.

A ce propos, on peut agiter la question de savoir si la vente de l'immeuble d'un mineur, faite par le tuteur en l'absence des formalités exigées par la loi, et sans le consentement du conseil de famille, constitue une vente de la chose d'autrui tombant sous l'application de l'article 1599. L'affirmative est généralement admise, parce que, dit-on, en dehors des actes qu'il a reçu mandat d'accomplir, en dehors. des formalités exigées par la loi, le tuteur perd sa qualité de mandataire et il doit être assimilé à un étranger, car un mandat ne saurait être considéré comme absolu quand la loi ne le donne que pour certains actes et sous certaines conditions.

Quant à l'exécuteur testamentaire, il résulte d'un arrêt de la Cour de Douai (D. P. 1849, 5, 393) qu'il faut considérer comme valable la promesse de vente d'un immeuble faite par lui en vertu du pouvoir que lui confère le testament, et que, dans ce cas, les héritiers se réunissant pour approuver cette vente, l'acheteur ne peut en demander la nullité, en prétendant qu'il y a vente de la chose d'autrui.

M. de Folleville, dans son *Essai sur la vente de la chose d'autrui,* nº 22, s'exprime en ces termes : nous irions volontiers jusqu'à admettre la validité de la vente même de la chose appartenant à autrui, pour le cas où le légitime propriétaire aurait eu connaissence du contrat au moment de sa formation, et n'aurait élevé aucune espèce de protestation contre cet engagement. La loi 60, en effet, au Digeste (50, 17), nous dit : *semper qui non prohibet pro se intervenire mandare creditur. Sed et si quis ratum habuerit quod gestum est obstringitur mandati actione.* Nous reconnaissons toutefois que ce seraient là les dernières limites de l'interprétation. » Les limites de l'interprétation de M. de Folleville sont plus étendues que les nôtres, et nous avouons que, pour notre part, nous ne pouvons voir dans l'espèce indiquée une vente valable. En effet, si nous supposons que les parties ont contracté, sachant que la chose appartenait à un tiers, à l'insu duquel elles croyaient agir, le contrat est entaché d'une *immoralité* qui ne saurait être absoute par la connaissance que le propriétaire avait de la vente. Si, au contraire, elles ont contracté dans l'ignorance que la chose appartenait à autrui, elles ont voulu un transport immédiat de la propriété ; il s'agit donc de savoir si ce transport immédiat a eu lieu dans l'espèce par le seul fait que le maître n'a pas protesté ; or, nous ne le croyons pas ; le propriétaire peut toujours dire qu'il n'a jamais consenti à l'aliénation, et nous ne voyons pas quel texte tiré de nos *lois françaises* on pourrait lui opposer.

M. Mourlon dit que le contrat que les Romains appelaient vente serait valable chez nous, non pas comme vente, mais comme contrat *sui generis*. Moyennant une somme d'argent que vous me promettez, je m'engage, dit-il, à vous procurer la *possession paisible* d'une chose que je crois mienne : la convention est valable en ce sens que vous avez contre moi une action pour vous faire mettre en possession, et que vous pouvez réclamer des dommages-intérêts, si je ne vous livre pas la chose, ou si, vous l'ayant livrée, vous en êtes évincé. Nous ne contredirons pas M. Mourlon, mais nous ferons observer que son hypothèse présente certainement peu d'intérêt pratique, car nous doutons qu'il vienne jamais à l'esprit d'un citoyen français de faire un semblable contrat.

SECTION III.

Des cas sujets à controverse.

Dans l'exposé des précédentes hypothèses, nous avons déjà constaté quelques dissentiments parmi les jurisconsultes, mais nous avons spécialement réservé cette section à certaines ventes, qui ont eu le privilége d'attirer l'attention des érudits et ont eu pour effet de faire éclater entre eux les plus vives controverses.

Il s'agit :

1° De la vente consentie par un héritier apparent ;

2° De la vente consentie par un héritier déclaré indigne de succéder ;

3° De la vente de la chose d'autrui en matière commerciale.

Nous dirons aussi quelques mots de la vente faite par l'ennemi.

1° Vente consentie par l'héritier apparent.

Etablissons d'abord l'espèce :

Une succession s'ouvre, Paul, héritier véritable, reste dans le silence et l'inaction, parce qu'il ignore l'ouverture de la succession, ou son degré de parenté ; sur ces entrefaites, Jacques, qui se croit appelé à l'hérédité, s'en empare et vend à des tiers un ou plusieurs immeubles, voire même son *jus hereditarium*; puis soudain, Paul sort de son inaction, il fait reconnaître en justice sa qualité d'hé-

ritier et actionne en revendication les tiers acquéreurs ; devra-t-il triompher ? En d'autres termes,
la vente consentie par l'héritier apparent est-elle
valable, ou au contraire est-elle nulle comme vente
de la chose d'autrui régie par l'article 1599 ?

Cette question a fait naître les systèmes les plus
divers et les théories les plus étonnantes ; aujour-
d'hui encore, la doctrine est hésitante et la jurisprudence rend parfois des arrêts contradictoires.
Le sujet est donc intéressant, mais nous n'avons
pas la prétention de reproduire tout ce qui a été
dit sur la matière, pour cela il faudrait écrire un
ouvrage spécial. Il nous suffira de donner une
analyse sommaire des différents systèmes et d'exprimer brièvement notre manière de voir.

Un premier système prononce dans tous les cas
la nullité absolue des ventes immobilières consenties par l'héritier apparent ; lors même que le vendeur et l'acheteur seraient tous de bonne foi
(Toullier, Duranton, Troplong, Proudhon).

Un second système admet la validité de ces ventes, dans le cas où l'éviction qu'éprouverait l'acheteur de bonne foi ferait naître contre l'héritier
apparent, également de bonne foi, un recours en
garantie, qui aurait pour effet d'entraîner contre
ce dernier une condamnation plus forte que celle
résultant de la pétition d'hérédité. Ce système,
soutenu par Merlin, est une réminiscence du sénatus-consulte Juventien.

Un troisième système admet la validité des ventes
immobilières consenties par l'héritier apparent,

alors même que celui-ci n'est pas menacé du recours en garantie spécifié ci-dessus, pourvu toutefois que le vendeur et l'acquéreur aient été également de bonne foi. En ce sens on peut citer plusieurs arrêts : Paris, 12 avril 1823, Sir. 24, 2, 49 ; Aix, 22 décembre 1844, Sir. 44, 2, 268, etc...

Enfin, un quatrième système se montre encore moins exigeant ; ses partisans soutiennent que les ventes en question sont valables indépendamment de la mauvaise foi du vendeur et à la seule condition de la bonne foi du tiers acquéreur. Telle est la doctrine soutenue par MM. Duvergier, Demolombe, Zachariæ, Aubry et Rau, Jozon, de Folleville ; tel est aussi, croyons-nous, le système que la jurisprudence tend à mettre en pratique, bien qu'on puisse citer en faveur de chacun des trois autres un nombre d'arrêts très respectable.

A cela nous ajouterons que, parmi les jurisconsultes cités en dernier lieu, les uns assimilent la vente de la succession en bloc à la vente d'un bien particulier ; les autres repoussent la validité de l'aliénation portant sur l'universalité.

Ces divergences, chez les auteurs qui admettent à un degré quelconque la validité de la vente, ne nous causent aucun étonnement. Chaque fois qu'on abandonne les principes rationnels pour se jeter à la poursuite d'une équité chimérique, il n'y a plus de limites, par la raison que chacun entend l'équité à sa manière. Disons toutefois par quels arguments les partisans de la validité prétendent justifier leur opinion. Ils invoquent l'article 132 du Code civil, qui vise une situation particulière et n'est applicable qu'en matière d'absence ; ainsi que l'article 1240, lequel réglemente un cas spécial renfermant d'ailleurs un acte d'administration plutôt qu'un acte d'aliénation volontaire. Ils argumentent aussi de la bonne foi du tiers acquéreur sans prendre garde que la bonne foi, dont les effets sont limités par la loi, n'a pas la vertu d'opérer à elle seule le transport de la propriété. Enfin, disent ces auteurs, l'héritier apparent ne doit pas être mis en perte, et c'est ce qui arriverait si l'on déclarait la vente nulle, parce qu'alors cet héritier se trouverait soumis au recours de l'acheteur ; or, ce point de droit que l'on base sur le sénatus-consulte Juventien, et qui ne nous paraît pas prouvé, n'a évidemment aucun poids dans les différentes hypothèses où le recours ne doit pas avoir lieu, soit parce que l'acheteur a contracté de mauvaise foi, soit parce que le vendeur a fait insérer une clause de non-garantie.

Nous n'insistons pas, car un partisan du système de validité le plus accentué, M. de Folleville, s'est chargé de réfuter un à un tous ces arguments (n°s 40, 41 et suivants), et il reconnaît lui-même que « ces considérations, de nature si diverses, présentées par les auteurs, n'ébranlent nullement le principe fondamental de l'inviolabilité du droit de propriété : *quod meum est, sine meo facto, non potest desinere esse meum.* » (n° 45, *in fine*.) Nous ne pouvons que nous associer à ce langage, il nous serait impossible de dire mieux. Mais si M. de

Folleville renverse tout cet édifice d'arguments fragiles, c'est pour en élever un autre. Au numéro 46, il déclare que la jurisprudence persistant à valider les aliénations d'immeubles consenties par un propriétaire apparent, il importe d'assigner une *base juridique* à cette doctrine, et tout aussitôt il dit : « son véritable fondement nous paraît se rencontrer, avant tout, dans des nécessités impérieuses d'ordre public, dans l'intérêt social de la libre circulation des biens et de la stabilité des fortunes. » Nous avouons ne pas apercevoir, dans ces mots un peu vagues, le moindre vestige d'une *base juridique*. Cependant M. de Folleville tient un peu plus loin sa promesse (n° 48) quand il s'exprime en ces termes : « nous commencerons par reconnaître que la vente d'un immeuble héréditaire consentie par le propriétaire apparent, constitue réellement, en principe, une vente de la chose d'autrui tombant sous l'application de l'article 1599. Mais, en même temps, nous soutiendrons, avec M. Demolombe, que ce propriétaire apparent a nécessairement puisé dans sa situation même, le *mandat* et les pouvoirs suffisants à l'effet d'aller, au besoin, jusqu'à l'aliénation. Cela est si vrai que de tout temps les ventes faites par l'héritier apparent pour le paiement des dettes héréditaires ont été maintenues. C'est qu'en effet, l'héritier apparent a forcément été, durant son gouvernement intérimaire, le représentant légal de l'héritier véritable, son *mandataire* ou procureur *omnium bonorum cum libera potestate*. »

Voilà donc la *base juridique* annoncée ; c'est la théorie du mandat tacite, expédient des jurisconsultes aux abois.

Quant à nous, nous avouons humblement que notre esprit se montre rebelle à l'idée de considérer comme ayant ordonné une vente, une personne qui a ignoré entièrement cette opération, une personne qui ne connaît seulement pas le vendeur et qui a eu tellement peu l'intention d'aliéner qu'elle proteste énergiquement contre l'aliénation tentée. A notre avis, il est inutile de chercher une base juridique à la doctrine de la validité ; elle n'en a pas ; ce n'est qu'une jurisprudence utilitaire.

Quand il y aura dans les lois françaises, un texte décidant formellement que les ventes consenties par l'héritier apparent sont valables, nous nous inclinerons ; mais, en attendant, nous ne prendrons jamais sur nous de fouler aux pieds la règle de bon sens : *nemo dat quod non habet*. En définitive, dire qu'un non-propriétaire peut de sa seule autorité transmettre la propriété, c'est aussi insensé que de dire, 2 et 2 font 4, mais en faveur de telle personne digne d'intérêt, ils feront 5.

Nous savons que le Droit n'est pas une science exacte et qu'il ne doit pas rester sourd à la voix de l'équité, mais ce n'est pas une raison pour en faire de jour en jour une science sans principes.

D'ailleurs l'équité est-elle réellement compromise par le système de la nullité ? Nous ne le croyons pas. L'acquéreur de bonne foi n'est pas sacrifié puisqu'il a un recours en dommages-intérêts (A.

1599 *in fine*). Quant à l'héritier apparent, il nous semble qu'on peut le rendre indemne des pertes occasionnées par le recours, en jugeant que le véritable héritier lui a causé, par son inaction, un préjudice qui tombe sous l'application de l'article 1383. De cette façon, la succession supporterait les dommages.

Nous ne pouvons nous étendre davantage sur cette question célèbre, cependant nous ne voulons pas passer outre sans dire un mot d'une théorie originale, émise par M. Jozon (Revue pratique, t. 14). M. Jozon prétend que l'héritier véritable n'est pas autorisé à revendiquer contre les tiers acquéreurs, parce qu'en ne se faisant pas connaître à temps, il a commis à leur égard une faute dont il leur doit réparation en vertu de l'article 1383, et que cette réparation, pour être adéquate au préjudice causé, doit précisément consister à ne pas les troubler dans leur possession des biens aliénés par l'héritier apparent.

Cette justification, tout à fait imprévue, de la doctrine de la validité, ne nous séduit pas plus que l'autre base juridique tirée du mandat tacite. Que l'héritier véritable doive une réparation, soit, mais qu'il doive la payer par la validité de la vente, voilà une théorie sur le mode de paiement des dommages-intérêts qui ne nous semble pas d'accord avec les idées reçues en cette matière.

2⁰ Vente consentie par l'héritier indigne.

Un héritier, après avoir légitimement recueilli une succession, vend un ou plusieurs des immeubles qui la composent, puis il est exclu par un jugement qui le déclare indigne de succéder. Les tiers acquéreurs pourront-ils être évincés ? En d'autres termes, la vente consentie par l'indigne est-elle nulle comme vente de la chose d'autrui ? Est-elle, au contraire, valable ?

Placé entre la maxime fondamentale, *resoluto jure dantis, resolvitur et jus accipientis*, et la doctrine qu'un droit rescindé *à titre de peine* n'est pas anéanti *dans le passé*, doctrine enseignée par des autorités considérables, nous avouons ne pas avoir d'opinion bien arrêtée sur ce sujet délicat entre tous, et nous nous bornerons à enregistrer parmi les opinions émises celle qui paraît triompher. Les auteurs commencent par mettre de côté l'hypothèse où un concert frauduleux s'est organisé entre l'héritier et l'acquéreur ; dans ce cas, ils décident à l'unanimité que les parties intéressées peuvent faire prononcer la nullité de la vente car, disent-ils, *fraus omnia corrumpit*.

Cette hypothèse écartée, ils déclarent valables, à l'égard *des tiers*, les ventes consenties par l'héritier coupable (sauf aux héritiers qui succèdent à sa place à recourir contre lui). Nous l'avons dit, ces auteurs, parmi lesquels on peut citer MM. Duranton, Demante, Aubry et Rau, s'appuient sur le principe de la personnalité des fautes, et sur le caractère pénal du jugement prononçant l'indignité, pour soutenir que *vis-à-vis des tiers* la saisine subsiste dans le *passé* ; puis ils tirent de l'article 958 un argument qui leur semble décisif.

La solution est la même quand l'indigne a vendu, non pas un ou plusieurs immeubles, mais son *jus hereditarium* ; il est évident que vu le motif donné précédemment à la validité, il n'y a pas lieu de distinguer.

3° Vente de la chose d'autrui en matière commerciale.

L'article 1599 est-il applicable en matière commerciale ?

L'affirmative ne nous paraît pas douteuse. D'abord, le Code de commerce ne contient pas une seule disposition qui fasse supposer l'exclusion de l'article 1599.

En second lieu, notre article ne prononçant la nullité de la vente de la chose d'autrui qu'autant qu'elle a pour but une translation *immédiate* de la propriété, ou une *spoliation*, il est clair qu'il a la même raison d'être en droit commercial qu'en droit civil.

Cependant, certains auteurs, trompés sans doute par les paroles du tribun Grenier, ont soutenu la négative. M. Grenier a dit, en effet, « il est aisé de comprendre que cette disposition législative (l'article 1599), a principalement trait aux immeubles et qu'on ne peut point l'appliquer aux objets qui font la matière des transactions commerciales, *et qu'il est au pouvoir et dans l'intention du ven-*

deur de se procurer. » Or, ce que M. Grenier a dit des transactions commerciales s'applique également aux ventes civiles ; comme nous l'avons vu à la section II, le contrat est valable en droit civil lorsque les parties ont entendu que le vendeur se procurerait la chose en traitant avec le propriétaire. Il ne faut pas prendre isolément les mots : « on ne peut point l'appliquer aux objets qui font la matière des transactions commerciales ; » pour donner à la phrase son véritable sens, on doit les rapprocher de ceux qui suivent et qui viennent corriger ce que les premiers auraient de trop absolu.

Les ventes d'un corps certain faites *avec l'intention de se procurer* la chose, sont, il est vrai, beaucoup plus fréquentes en matière commerciale qu'en matière civile, mais il ne s'ensuit pas que l'article 1599 ne soit point applicable à la première, quand il s'agit, par hasard, d'une vente où cette intention n'existe pas. Tout ce que nous pouvons accorder, c'est que, quand le vendeur n'a pas annoncé formellement son intention de se procurer la chose en traitant avec le maître légitime, on doit peut-être la supposer plus facilement de la part des commerçants, parce qu'elle entre dans les habitudes du négoce.

Surtout, il ne faut pas prétendre avec M. Bédarride que l'article 1599 doit être entièrement rejeté quant aux ventes commerciales, parce que ces ventes ont pour objet des choses mobilières, et qu'en ce qui concerne les meubles, la règle posée par l'article 2279 détruit l'application du premier. Nous le verrons (section IV), il existe plusieurs cas, où, de l'aveu unanime des auteurs, il n'y a pas lieu d'invoquer la règle *En fait de meubles, possession vaut titre*, et l'argument de M. Bédarride tombe nécessairement devant ces hypothèses. Sans doute, l'article 1599 est rarement applicable en matière cemmerciale, mais de là à ne pas l'être du tout, il y a une distance.

4° Vente de la chose d'autrui faite par l'ennemi.

La vente d'un immeuble appartenant soit à l'Etat envahi, soit à des particuliers, faite en temps de guerre par l'envahisseur, est-elle nulle comme vente de la chose d'autrui ?

Nous n'hésitons pas à répondre affirmativement. En effet, malgré une maxime tristement célèbre, il est évident, pour tous ceux qui ont conservé quelque souci de la morale, que si la force opprime souvent le droit, elle ne le prime pas.

Cependant, en 1815, la Cour de cassation a jugé que les ventes de bois, faites durant l'occupation du territoire français, de la seule autorité d'un commissaire de guerre, et non de l'autorité des commandants des armées ennemies, n'étaient pas régulières et ne devaient pas être maintenues. Par le fait, la Cour semblait admettre que la vente pouvait être valable quand elle avait été opérée sur l'ordre des chefs de l'armée victorieuse.

Mais, en 1872, la Cour de Nancy eut malheureusement l'occasion de se prononcer sur la question qui nous occupe, et dans un arrêt en date du 3 août (confirmé par la Cour de cassation le 16 avril 1873), elle a formulé avec énergie le principe de l'inviolabilité du droit de propriété.

Tout en reconnaissant à l'ennemi le pouvoir d'administrer les domaines de l'Etat envahi et le droit de percevoir temporairement leurs fruits, elle a déclaré nulle une vente du fonds consentie par le représentant du gouvernement allemand. Avec autant de discernement que de finesse piquante, la Cour a invoqué à l'appui de sa jurisprudence la doctrine professée, *avant la guerre*, par deux auteurs allemands, Heffter et Bluntschli. Voici cette partie de l'arrêt : « .... Attendu qu'il ne s'agit pas de méconnaître le droit du vainqueur, mais de le maintenir dans les limites que lui assignent les précédents, l'usage, la raison et la justice ; que ce droit, en ce qui touche les immeubles, ne consiste que dans la prise de possession *temporaire* des domaines de l'Etat ennemi et dans la perception *de leurs fruits et revenus*; qu'en cela tous les auteurs sont d'accord, et que deux des plus récents et des moins suspects, les célèbres professeurs de l'école allemande, Bluntschli et Heffter, précisent et résument une doctrine incontestable et incontestée, lorsqu'ils disent, le premier dans le *Droit international codifié*, article 646 : Le vainqueur a le droit de s'emparer provisoirement des édifices publics et des terres appartenant à l'Etat ennemi, de les administrer et d'en percevoir les revenus ; le second, dans le *Droit internationnal de l'Europe*, § 133 : Le principe que l'*occupatio bellica* ne constitue pas un titre complet à la propriété, ou à la souveraineté du territoire envahi, a pour conséquence nécessaire que le vainqueur ne peut disposer définitivement des biens immeubles qui font partie du domaine de l'Etat ennemi ; seulement, étant substitué provisoirement au souverain dépossédé, il a le droit de disposer à titre provisoire des fruits et des revenus qu'il aura pu saisir.... Par ces motifs..., »

Nous ne savons pas si, depuis, la doctrine allemande tend à se modifier ; ce qu'il y a de certain, c'est qu'en 1872 il n'eut pas été décent de récuser ces témoignages.

L'argument portait.

<hr>

SECTION IV.

Du cas où l'application de l'article 1599 est paralysée par l'application de l'article 2279, 1ᵉʳ alinéa.

Rationnellement, l'article 1599 est applicable à la vente d'une chose mobilière comme à la vente d'une chose immobilière. Cependant, la règle, *En fait de meubles, possession vaut titre*, qui est formulée par l'article 2279, 1ᵉʳ alinéa, peut, en fait, apporter un obstacle à son application, puisque cette règle permet à l'acheteur de se maintenir, à titre de propriétaire, en possession du meuble indûment vendu.

Il faut donc déterminer le cas où la règle *En fait*

de meubles, possession vaut titre est applicable, pour connaître celui où l'article 1599 ne l'est pas. A cet effet, nous allons procéder par voie d'élimination, en écartant successivement les hypothèses qui échappent à son empire.

Et d'abord, si nous supposons l'objet acheté mais non livré, l'acheteur n'étant pas en possession, il est évident que l'article 2279, al. 1, n'est pas applicable ; par conséquent, l'article 1599 conserve dans l'espèce toute sa portée ; vendeur et acheteur peuvent faire déclarer la vente radicalement nulle.

Après la délivrance opérée, l'article 2279, al. 1, ne peut pas être invoqué davantage quand l'objet de la vente consiste en un meuble volé, ou perdu, depuis moins de trois ans. L'exactitude de cette proposition ressort incontestablement de l'article 2279, al. 2. Donc la portée de l'article 1599 reste encore entière dans cette hypothèse.

Enfin, si nous supposons tout à la fois, que l'acheteur est en possession du meuble vendu, et que ce meuble n'a été ni volé, ni perdu, cela ne suffit pas encore, la règle en question n'est pas applicable si l'acheteur a été de mauvaise foi. Cette doctrine résulte nécessairement de l'article 1141 ainsi conçu : « Si la chose qu'on s'est obligé de donner ou de livrer à deux personnes successivement est purement mobilière, celle des deux qui en a été mise en possession réelle est préférée et en demeure propriétaire, encore que son titre soit postérieur en date, *pourvu toutefois que la possession soit de bonne foi.* »

Si le second acquéreur dont il est question dans

cet article est préféré et demeure propriétaire, c'est
en vertu de la maxime *En fait de meubles, possession vaut titre*, cela est certain ; lors donc que le
législateur dit, par *à contrario*, que le second acquéreur ne sera pas préféré et qu'il ne demeurera pas
propriétaire dans le cas de mauvaise foi, il dit, on
ne peut plus clairement, que la mauvaise foi empê=
che d'invoquer la maxime.

Ainsi, l'article 2279, al. 1, ne saurait paralyser
l'application de l'article 1599 que dans les conditions suivantes : il faut que l'acheteur ait été *mis
en possession* d'un meuble qui n'a été *ni volé ni
perdu*, et qu'il l'ait acheté de *bonne foi*.

Mais ce n'est pas tout ; ici s'élève une question
assez délicate, celle de savoir si la règle *En fait
de meubles...* est applicable dans le cas seulement
où l'acheteur l'invoque, ou bien si elle est applicable même contre son gré ; si l'article 1599 n'est
annihilé qu'autant que l'acheteur veut se prévaloir
de l'article 2279, al. 1, ou bien s'il l'est par le seul
fait de la coexistence des trois conditions ci-dessus
retracées. Pour juger cette question, il faut se rendre un compte exact du caractère juridique que
présente la règle qui nous occupe. Est-ce comme
on l'a dit souvent une prescription instantanée ?
Nous ne le pensons pas. La prescription implique
l'écoulement d'un nombre plus ou moins considérable de jours ou d'années ; l'article 2219 la défi-
nit : « un moyen d'acquérir, ou de se libérer, par
un certain laps de temps... » ; aussi les deux mots,
prescription et *instantanée*, nous semblent-ils contradictoires.

Au surplus, comme le font remarquer excellemment MM. Aubry et Rau, c'est par les exceptions apportées à une règle que se détermine le plus sûrement le véritable sens de cette règle ; or, l'exception que le second alinéa de l'article 2279 apporte à la règle qui vient d'être formulée dans le premier, ne constitue pas une prescription, c'est une simple déchéance, car l'action en revendication du propriétaire s'éteint, non pas par une possession continuée pendant trois ans, mais par le délai préfix de trois ans, indépendamment de toute possession ; nous sommes donc en droit de conclure que la règle ne constitue pas une prescription, puisque son exception n'en est pas une.

L'idée d'une proscription instantanée étant écartée, nous nous rallions à la pensée qu'il s'agit d'une présomption légale d'une nature particulière. Quel est son caractère ?

Si nous n'avions sur la matière que l'article 2279, nous dirions, sous l'influence des précédents historiques et en considération des motifs qui on fait accepter cette règle dans notre ancien droit (Bourjon, Droit commun, l. II, t. I, ch. 6, sect. 1, I, p. 145), que c'est une présomption *absolue* de propriété par le seul fait de la possession, une présomption irréfragable et indépendante de la bonne ou de la mauvaise foi, une présomption qui s'impose à la volonté des parties et à laquelle l'acheteur ne peut pas renoncer. Mais nous avons l'article 1141, duquel il résulte que dans notre Code, la règle *En fait de meubles...* n'a qu'un caractère de relativité, le caractère d'une faveur accordée à la bonne foi de l'acquéreur ; or, il est évident que l'on peut renoncer à une faveur. Aussi, pensons-nous que l'acheteur d'un meuble appartenant à autrui est autorisé, quand sa conscience l'y pousse, à renoncer au bénéfice de l'article 2279, al. 1, et à se prévaloir de l'article 1599, pour faire déclarer nulle la vente qui lui a été consentie. Nous ne cherchons pas à justifier la manière de voir du législateur de 1804 ; nous constatons simplement que dans son esprit la règle précitée avait pour but principal la protection de la bonne foi, et que, dès lors, nous ne devons pas tourner contre l'acheteur trompé les dispositions législatives qui ont été édictées à son profit.

M. de Folleville (n° 149) s'appuie sur la maxime *sans intérêt, pas d'action*, pour soutenir que l'acheteur de bonne foi ne peut demander la nullité du contrat en vertu de l'article 1599. Nous ferons remarquer que, de nos jours, le juge ne peut se refuser à prononcer les nullités édictées textuellement par le législateur, sous le prétexte que la contravention à la loi n'a causé aucun préjudice à celui qui l'invoque (MM. Aubry et Rau, § 37, texte et note 10). Mais en admettant même que cette maxime ait une portée sans limites, nous croyons qu'il n'y a pas lieu de l'appliquer dans l'espèce. L'acquéreur, à notre avis, peut avoir un intérêt matériel à ce que la nullité de la vente soit pro-noncée ; s'il possède quelques sentiments de déli-catesse, il n'osera pas se servir, au vu et au su de tout le monde, d'un objet qui appartient à autrui, et s'il est scrupuleux, il le rendra au véritable propriétaire ; peut-être même aura-t-il des motifs sérieux de ne pas s'attirer l'animosité de ce propriétaire en gardant un objet auquel il tient. Enfin, il serait évidemment fàcheux de voir la loi proclamer la doctrine qu'on n'a pas d'intérêt à rester en paix avec sa conscience.

Nous pensons donc que l'acheteur n'est pas forcé d'invoquer une présomption qui a été établie à son profit. De là il résulte que l'article 2279, al. 1, n'apporte un obstacle à l'application de l'article 1599 que quand un acheteur *de bonne foi, mis en possession* d'un objet mobilier qui n'a été *ni volé ni perdu, veut se prévaloir* de la règle *En fait de meubles, possession vaut titre.*

Ici nous mentionnerons une loi qui se rattache à notre sujet. Il s'agit de la loi des 12-19 mai 1871, dont nous reproduirons les deux premiers articles.

ARTICLE PREMIER. — « Sont déclarés inaliénables jusqu'à leur retour aux mains du propriétaire, tous biens *meubles* et immeubles de l'Etat, du département de la Seine, de la ville de Paris et des communes suburbaines, des établissements publics, des églises, des fabriques, des sociétés civiles, commerciales ou savantes, des corporations, des communautés, des particuliers, qui auraient été soustraits, saisis, mis sous séquestre, ou détenus d'une manière quelconque, depuis le 18 mars 1871, au nom et par les ordres d'un prétendu comité central, comité de salut public, d'une soi-disant commune de Paris, ou de tout autre pouvoir insurrectionnel, par leurs agents, par toute personne s'autorisant de ces ordres, ou par tout individu ayant agi, même sans ordres, à la faveur de la sédition. »

ARTICLE 2. — « Les aliénations frappés de nullité par l'article premier, ne pourront pas, pour les immeubles, servir de base à la prescription de dix ou vingt ans, et, pour les *meubles*, donner lieu à l'application des articles 2279 et 2280 du Code civil. Les biens aliénés en violation de la présente loi pourront être revendiqués, sans aucune condition d'indemnité et contre tous les détenteurs, pendant trente ans, à partir de la cessation officiellement constatée de l'insurrection de Paris. »

Ainsi, cette loi, en écartant l'application des articles 2279 et 2280, pour les aliénations des meubles saisis ou soustraits pendant la commune, a replacé ces aliénations sous l'empire exclusif de l'article 1599 ; et, en outre, elle a supprimé, quant au laps de temps nécessaire pour prescrire, la faveur dont le possesseur de bonne foi, ayant un juste titre, jouit dans le droit commun.

Nous mentionnerons également la loi du 5 juillet 1872. Les titres au porteur appartiennent par leur caractère à la théorie des articles 2279 et 2280 ; or, d'après cette loi (article 12), la règle *En fait de meubles, possession vaut titre*, qui peut, trois ans après le vol ou la perte du meuble vendu, paralyser l'application de l'article 1599, ne le peut peut plus avant trente ans quand il s'agit d'un titre au porteur, et que le propriétaire du titre volé ou perdu, se conformant aux formalités requises, a notifié, avant l'aliénation, une opposition en règle au syndicat des agents de change.

CHAPITRE III.

DES EFFETS PRATIQUES DE LA NULLITÉ ABSOLUE QUI
S'ATTACHE A LA VENTE DE LA CHOSE D'AUTRUI.

Nous allons exposer successivement les conséquences pratiques qui découlent de la nullité absolue édictée par l'article 1599.

A. — Et d'abord, tant que la prescription n'est pas accomplie, la nullité de la vente *est proposable par toute personne intéressée* ; elle l'est non-seulement par le véritable propriétaire, qui conserve malgré la vente son action en revendication, mais encore par le vendeur et par l'acheteur, soit de bonne foi, soit de mauvaise foi, avant ou après la délivrance, avant ou après le paiement, sous forme d'exception ou sous forme d'action principale.

Cependant, en ce qui concerne le vendeur, une controverse s'est élevée même entre les partisans dn système de la nullité absolue. Ils reconnaissent tous que le vendeur peut opposer la nullité de la vente sous forme *d'exception*, pour repousser la demande en délivrance formulée par l'acheteur ; mais quelques-uns prétendent qu'il ne doit pas être admis à demander par *voie d'action principale*, après la délivrance, la nullité de la vente qu'il a consentie indûment. En effet, disent ces auteurs, il n'a aucune qualité pour demander la restitution

de la chose qu'il a livrée ; il n'est pas plus propriétaire que l'acheteur ; celui-ci a même sur lui l'a-
vantage de la possession, et c'est l'occasion d'appliquer la règle : *in pari causa melior est causa possidentis.* Cet argument a de prime abord quelque chose
qui séduit, et nous avouons qu'il nous a, un instant, tenu indécis. Réflexion faite, nous pensons
qu'on ne doit pas s'y arrêter, car un principe do-
mine la matière, ce principe c'est que la nullité
absolue d'un contrat est proposable par toute personne intéressée ; il suffit donc de démontrer que
le vendeur est intéressé dans l'espèce à ce que la
nullité soit judiciairement reconnue, pour prouver
par là même, qu'il est autorisé à la faire pronon_
cer ; or, cette demonstration n'est pas difficile. Le
vendeur, outre l'intérêt moral qu'il peut avoir à
rentrer en possession de la chose, afin de réparer
sa faute en la restituant au propriétaire, a certainement un intérêt pécuniaire à cette restitution,
par la raison qu'il est responsable vis-à-vis du
maître légitime, des dégradations que l'acheteur
commettra (argument tiré des articles 1382 et 1383).
De plus, la maintenue de la possession dans les
mains de l'acheteur lui fait courir un danger d'un
autre genre. Il peut arriver que, tout à la fois, la
chose augmente de valeur et que l'acheteur de-
vienne capable de repousser la revendication du
propriétaire par la prescription décennale ou vicennale ; or, dans cette situation, le vendeur court les
risques de voir le propriétaire l'actionner, avant
que trente années se soient écoulées depuis la vente,

et lui demander, outre la valeur de la chose au jour du contrat, des compensations proportionnelles à la plus-value (argument d'analogie tiré de l'article 1633). Pour ces motifs, nous croyons que le vendeur devra être admis à faire prononcer la nullité de la vente, après la délivrance, comme avant.

On a dit aussi : la demande en nullité n'est pas admissible de la part du vendeur, après la délivrance effectuée, parce qu'il est tenu, en vertu des articles 1382 et 1383, de réparer le dommage qu'il a causé à l'acheteur en lui vendant la chose d'autrui, et que la réparation la plus adéquate au préjudice consiste dans la maintenue de la possession aux mains de l'acheteur. Cette argumentation est remarquable de faiblesse. En règle générale, les dommages-intérêts ne peuvent consister qu'en argent ; de plus, elle serait dérisoire cette réparation, qui consisterait à laisser l'acheteur en possession d'une chose qui peut lui être ravie d'un moment à l'autre, par la revendication du propriétaire.

Nous l'avons dit plus haut (chapitre I), certains partisans de la nullité absolue abandonnent le principe dans l'exposé de ses conséquences ; nous trouvons, à propos de la détermination des personnes qui ont qualité pour se prévaloir de la nullité édictée par l'article 1599, un exemple de ce que nous avons avancé.

M. Marcadé, qui s'est particulièrement distingué à cet égard, soutient, qu'une fois la chose livrée, le vendeur ne peut demander l'annulation de la vente et la restitution de la chose « parce qu'il est obligé de garantir l'acheteur et de l'indemniser de l'éviction venant d'un autre : *quem de evictione tenet actio, eum agentem repellit exceptio* ». Cette théorie, que nous trouvons inexacte, mais logique, chez les partisans du système de l'annulabilité, est contradictoire et tout à fait surprenante de la part d'un auteur qui déclare que la vente de la chose d'autrui est *inexistante*. Nous n'insistons pas sur cette inconséquence, qui lui a attiré les plus amers reproches.

Quant aux auteurs qui, dans l'article 1599, entendent le mot *nul* avec le sens *d'annulable*, nous devons dire qu'ils se sont signalés par des divergences qui ne plaident pas en faveur de leur système. M. Troplong enseigne que la vente de la chose d'autrui n'est nulle que dans l'intérêt de l'acheteur qui a seul le droit d'invoquer l'article 1599 (Traité de la vente, n° 238). M. Duvergier (t. 1, n° 220) accorde, au contraire, l'exercice de l'action en nullité au vendeur lui-même, et il le lui accorde nonseulement avant, mais encore après la délivrance effectuée, pourvu toutefois qu'il soit prouvé que ce vendeur était de bonne foi. D'ailleurs, nous aurons encore l'occasion de constater que la doctrine de l'annulabilité aboutit à des controverses sans nombre, et à des difficultés inextricables.

B. — La nullité de la vente de la chose d'autrui ne peut jamais être couverte par des *confirmations* ou *ratifications* ultérieures émanant du véritable propriétaire. On peut, sans doute, procéder à une nouvelle vente, mais cette vente n'aura pas pour effet la validation rétroactive du contrat originaire.

M. Troplong combat notre opinion par ce motif, qu'après la ratification du maître légitime, l'acheteur n'a plus aucune éviction à redouter ; or, dit-il, *sans intérêt pas d'action*. Cette manière de voir, qui est appliquée par les tribunaux, l'emporte dans la pratique, parce que les réclamations d'un acheteur, qui est désormais à l'abri de toute éviction, se présentent généralement sous l'aspect de la Chicane ; mais, en doctrine, elle est inadmissible pour plusieurs raisons. D'abord, on ne ratifie pas le néant. En second lieu, comme le font remarquer MM. Aubry et Rau, la maxime *Sans grief, point de nullité*, admise par la jurisprudence des anciens Parlements, n'est plus compatible avec les devoirs des tribunaux, depuis la séparation constitutionnelle des pouvoirs législatif et judiciaire ; le juge, simple organe de la loi, ne peut se refuser à prononcer une nullité édictée textuellement par le législateur, sous le prétexte que cette nullité ne cause aucun préjudice à celui qui l'invoque (MM. Aubry et Rau, § 37, note 10). Enfin, on ne peut admettre que la validité du contrat dépende du bon plaisir de l'une des parties, et c'est ce qui arriverait dans le système de M. Troplong, car il serait loisible au vendeur de le rendre valable ou de le laisser nul, suivant qu'il lui conviendrait de prendre des arrangements avec le propriétaire pour obtenir la ratification, ou de n'en pas prendre. Ainsi la ratification est nulle, puisque le contrat l'est, et lorsque le juge refuse d'en prononcer la nullité, il prend sur lui d'opérer le transport de la propriété, ce qui constitue un excès de pouvoir au premier chef.

M. Marcadé, qui professe l'*inexistence* de la vente de la chose d'autrui, émet encore à ce sujet une théorie tout à fait contradictoire. Il admet la ratification quand elle se produit avant la demande en nullité. « En effet, dit-il, tant que l'acheteur, qu'il sache ou qu'il ignore que la chose est à autrui, n'invoque pas la nullité de l'acte, il entend donc conserver la chose et en avoir la propriété, d'où la conséquence que, quand le vrai propriétaire vient déclarer qu'il ratifie la vente et cède sa propriété à l'acheteur, il y a *concours des deux volontés*, et la propriété se trouve ainsi transmise. » Le concours des deux volontés, dont parle M. Marcadé ne saurait opérer le transfert de la propriété, car il n'y a aucune déclaration d'acceptation de la part de l'acheteur, et, de plus, il y a une différence considérable entre vouloir conserver une chose, parce qu'on la croit sienne, et vouloir l'acquérir. D'ailleurs, on ne ratifie pas le néant, encore une fois. Décidément, l'éminent juriconsulte avait sur l'inexistence des contrats des idées à part.

C. — La nullité édictée par l'article 1599 ne peut pas être couverte par la *consolidation* ou *confusion*, c'est-à-dire par la réunion sur la même tête des qualités de vendeur et de propriétaire, soit que le vendeur ait ultérieurement acquis la chose à titre de donation, d'achat, ou de succession, soit que le maître légitime ait succédé au vendeur.

Nous appuierons cette doctrine sur les motifs déjà invoqués ci-dessus. Il est évident qu'un contrat radicalement nul *ab initio*, ne peut devenir valable par un événement postérieur. A ceux qui nous opposent encore la maxime *Sans grief, point de nullité*, nous répondons de nouveau, que cette maxime ne peut plus être opposée, de nos jours, à une nullité textuelle de la loi. Enfin, il est de règle fondamentale que toutes les conditions nécessaires à la validité d'une convention, doivent exister à l'époque de sa formation ; il est donc inadmissible, nous le répétons, que la validité du contrat dépende du bon plaisir ultérieur de l'une des parties, qui aurait le loisir de le rendre valable en achetant la chose du véritable propriétaire, ou de le laisser nul, à son gré, en restant dans l'inaction.

Sur la question de la *consolidation*, nous rencontrons les mêmes adversaires que sur celle de la *ratification* (y compris M. Marcadé) ; nous rencontrons aussi les mêmes objections ; toutefois, nous devons signaler un argument qui a été développé par M. Arntz (Cours de droit civil français, t. II, n° 955 *in fine*). « Si l'acheteur, dit cet auteur, était troublé par un tiers, il devrait, pour exercer son recours en garantie, en cas d'éviction, appeler le vendeur et le mettre en cause (art. 1640). Le vendeur peut certainement proposer alors en justice tous les moyens propres à faire rejeter la demande du tiers, par exemple, la prespription, lors même qu'elle ne serait acquise que depuis la vente, par suite de *l'accessio possessionis*. Or, le législateur aurait été évidemment inconséquent, s'il avait eu l'intention de ne pas accorder au vendeur, la faculté de proposer, contre *l'action principale en nullité de l'acheteur*, les mêmes moyens de défense (pour valider la vente), qu'il aurait pu proposer, étant appelé en garantie, *contre l'action revendicatoire d'un tiers*. Ainsi, supposons que, sur l'action revendicatoire de la part du légitime propriétaire, le vendeur appelé en garantie ait repoussé la revendication par l'exception de légitime propriété acquise *postérieurement* à la vente : le jugement constate ce fait et déclare la revendication mal fondée, par le motif que le revendiquant avait aliéné ses droits au profit du vendeur (ou par ce motif que le vendeur a prescrit, depuis la vente, par l'accession de sa possession à celle de l'acheteur, la propriété de la chose par application de l'article 2235). L'acheteur pourrait-il alors se prévaloir de ce même jugement, qui constate que son vendeur n'était pas encore propriétaire de la chose *au moment de la vente* et en demander la nullité pour ce motif ? Et le vendeur n'aurait-il pas le droit de le repousser par l'exception tirée de ce que la nullité est couverte, de ce que l'acheteur a même gagné son procès contre le revendiquant, et qu'il ne peut donc plus avoir d'inquiétude sur son droit. »

Nous avons tenu à reproduire cette argumentation de M. Arntz, parce qu'elle est spécieuse ; mais elle n'est pas plus capable que les autres objections qui nous sont opposées, de lutter avec succès contre le principe qu'un contrat nul *ab initio* ne saurait être rendu valable par un événement postérieur. La logique n'exige pas du tout, comme l'insinue l'honorable professeur de Bruxelles, qu'on donne au vendeur la faculté de proposer contre l'acheteur demandant la nullité de la vente (c'est-à-dire agissant par action *personnelle*), les moyens de défense qu'il pourrait proposer contre un tiers prétendant à la propriété et agissant en revendication (c'est-à-dire par action *réelle*). On ne doit pas argumenter *a pari* de deux situations différentes. Au fond de l'argumentation de M. Arntz, qui le laisse bien apercevoir dans sa dernière phrase, il n'y a jamais que la vieille théorie *Sans grief, point de nullité*, à laquelle nous avons répondu.

D. — L'action en nullité est ouverte pendant *trente ans* (art. 2262) ; ces trente ans courent du jour de la vente.

En effet, la prescription de dix ans de l'article 1304, ne concerne que les actes simplement *annulables*, elle n'est pas applicable aux actes *absolument nuls*, lesquels sont soumis à la prescription de droit commun de l'article 2262. Au surplus, nous ferons remarquer qu'il s'agit, pour le tribunal devant lequel est portée l'action en nullité, d'une simple constatation de fait. Le juge est obligé de proclamer la vente nulle, dès qu'il a reconnu que la chose appartenait à autrui au moment du contrat, sans avoir la faculté d'user d'aucun pouvoir discrétionnaire.

La logique conduit les auteurs, qui enseignent le système de l'annulabilité, à décider que l'action en nullité édictée par l'article 1599 se prescrit par dix ans ; toutefois, ces auteurs ne sont pas d'accord en ce qui concerne le point de départ de la prescription décennale. MM. Troplong, Duvergier, Zachariæ, la font courir du jour du contrat. MM. Aubry et Rau professent une théorie différente ; ils lui assignent, comme point de départ, le jour où le vendeur est devenu propriétaire de la chose, ou le jour auquel le véritable propriétaire a ratifié la vente. « En effet, disent ces savants interprètes, la prescription de l'article 1304 reposant sur une confirmation présumée, elle ne peut commencer à courir que lorsque la confirmation devient possible. » (MM. Aubry et Rau, § 351, texte et note 52). On le voit, les partisans de l'annulabilité ont de la peine à s'entendre.

E. — Est nulle la clause par laquelle l'acheteur stipule des dommages et intérêts pour le cas d'éviction, lorsque les parties *savent* que la chose appartient à autrui. La nullité de l'obligation principale entraîne la nullité de l'obligation accessoire.

F. — Est également nulle la clause par laquelle le vendeur stipule qu'en cas d'éviction il ne restituera pas le prix de la vente (clause de non-garantie), lorsque les parties *savent* que la chose appartient à un tiers.

Mais lorsque, d'une part, la question de savoir si

la chose appartient à autrui constitue chez les contractants un *doute* commun, plutôt qu'une *certitude ;* d'autre part, ces contractants, en raison de leur doute, et sans l'intention de dépouiller le véritable propriétaire, entendent faire un contrat aléatoire, plutôt qu'une vente commutative, le contrat est valable. En effet, dans l'espèce les deux, causes de nullité de la vente de la chose d'autrui (*l'immoralité* de l'acte, ou *l'impossibilité* d'atteindre le but proposé), n'existent ni l'une, ni l'autre. Au surplus, nous pensons que l'on peut, et que l'on doit, interpréter en ce sens l'article 1629. MM. Leligois (n° 9) et de Folleville (n° 120) ont donc, à notre avis, le tort de ne pas établir une distinction entre les contractants qui *savent* positivement que la chose appartient à un tiers, et ceux qui, ayant conçu de simple *doutes*, ne se les dissimulent pas, traitent en connaissance de cause, et font un contrat aléatoire, sans avoir l'intention de dépouiller le maître légitime.

G. — Enfin, les droits de mutation ne peuvent être exigés par les agents du Trésor, à l'occasion d'une vente qui tombe sous l'application de l'article 1599. Si ces droits ont été perçus, ils l'ont été indûment, et ils doivent, en conséquence, être restitués lorsque la nullité du contrat est judiciairement reconnue. *Gabellæ non debentur ex contractibus nullis,* dit Dumoulin (Des Fiefs, § 33, n° 32), et tous nos anciens auteurs enseignent cette doctrine. MM. Championnière et Rigaud (t. 1, n°

233) disent aussi : « c'est un très ancien principe de notre droit public français que, toutes les fois qu'une loi établit un impôt sur un contrat, sa disposition ne s'applique qu'à un contrat régulier, valable, et productif de tous les effets que le droit civil attache aux conventions qu'il sanctionne. » D'ailleurs, il est clair qu'un droit de mutation de propriété ne saurait être valablement perçu là où il n'y a pas mutation.

Cependant, nous devons le dire, en pratique, cette doctrine rationnelle est loin de l'emporter. L'administration de l'enregistrement, soutenue par la jurisprudence, prétend que la nullité dont peut être entaché un acte de vente de la chose d'autrui, ne saurait être opposée à la régie, pour soustraire cet acte au paiement des droits (Arrêt de la Cour de cassation du 20 novembre 1844). Elle entend même conserver le montant des sommes qui lui ont été versées, à l'occasion d'un contrat déclaré nul par une décision judiciaire, rendue depuis la perception. Pour refuser cette restitution, l'administration de l'enregistrement et la jurisprudence s'appuient sur l'article 60 de la loi du 22 frimaire an VII, ainsi conçu : « Tout droit d'enregistrement, perçu régulièrement, en conformité de la présente loi, ne pourra être restitué, quels que soient les événements ultérieurs, sauf les cas prévus par la loi. » En outre, elles invoquent l'intérêt public, en prétendant que des restitutions imprévues seraient de nature à troubler l'équilibre du budget de l'Etat.

Contentons-nous de remarquer que ces arguments

n'empêchent pas la raison et l'équité de protester avec une égale énergie contre ces solutions arbitraires, qui entrent, du reste, dans les traditions du fisc.

CHAPITRE IV.

DES DROITS ET AVANTAGES ACCORDÉS A L'ACHETEUR
DE BONNE FOI.

Il ne s'agit pas dans ce chapitre du droit qu'à l'acheteur de la chose d'autrui, de faire prononcer la nullité de la vente, avant ou après le paiement, par voie d'exception ou par voie d'action principale ; car ce droit, qui lui est commun avec le vendeur, a été examiné dans le chapitre précédent, et, d'ailleurs, il lui appartient tout aussi bien quand il est de mauvaise foi que quand il est de bonne foi. Il s'agit de trois avantages auxquels l'acheteur de bonne foi peut seul prétendre, ce sont :

I. Le droit à des dommages et intérêts.

II. L'acquisition des fruits.

III. La faculté de prescrire par 10 ou 20 ans la propriété de la chose.

§ Ier. — L'acheteur évincé, qu'il soit de bonne ou de mauvaise foi, a droit à la restitution du prix, par la raison que, dans un cas comme dans l'autre, ce prix a été payé sans cause ; mais, l'acheteur de bonne foi, c'est-à-dire l'acheteur qui ignorait que la chose fût à autrui, jouit en outre d'un privilége particulier ; il peut (qu'il s'agisse d'un meuble ou d'un immeuble) réclamer des dommages et intérêts. Le second alinéa de l'article 1599 est formel en ce

sens. Du reste, on conçoit facilement cette différence, établie par le législateur entre l'acheteur de
mauvaise foi et l'acheteur de bonne foi ; elle est
équitable, et conforme à la nature des choses ; le
premier n'est digne d'aucun intérêt, et il ne subit
pas un préjudice imprévu, puisqu'il a accepté la
situation en connaissance de cause : *volenti non fit
injuria* ; le second est digne d'intérêt ; de plus, il
subit un préjudice inattendu, qui ne lui est pas
imputable, et dont il lui est dû en bonne justice
une réparation.

Tous les auteurs qui enseignent *l'annulabilité* de
la vente de la chose d'autrui, s'arment contre nous
de ce droit à des dommages et à intérêts, comme
d'un argument invincible, et ils s'écrient :
« Comment pouvez-vous dire que la vente est
absolument nulle, vous qui reconnaissez qu'elle
donne naissance à des dommages et intérêts, et que
par conséquent elle produit des effets ; un contrat
radicalement nul ne peut avoir des effets ! » Cet
argument, répété à l'envi par nos adversaires, mal-
sa faiblesse, est la preuve d'une pénurie complète
dans leur arsenal. Il est bien certain qu'un contrat
nul ne saurait engendrer des effets contractuels,
mais il saute aux yeux qu'il ne s'agit pas ici d'un
effet contractuel. Des dommages et intérêts sont dus
dans l'espèce, non pas parce qu'il y a vente, mais
parce qu'il y a un *fait* dommageable, et que tout
fait dommageable donne lieu à une réparation, aux
termes des articles 1382 et 1383. Un contrat a beau
être inexistant comme contrat, il a beau ne donner

naissance à aucune des obligations qui lui sont propres, alors qu'il est valable, il y a toujours un *fait* matériel dont on ne saurait nier l'existence, *fait* qui est susceptible de causer un préjudice. Nous sommes vraiment étonné de voir des auteurs judicieux se livrer à une argumentation aussi misérable.

Pour nos contradicteurs, la base juridique des dommages et intérêts se trouve dans *l'obligation de garantie* qui est imposée au vendeur. M. Arntz, par exemple, s'exprime en ces termes : « Si par suite d'une action revendicatoire du propriétaire, l'acheteur est évincé de la chose, il a le *recours en garantie* contre le vendeur, qui doit lui payer les dommages et intérêts déterminés par les articles 1630 à 1634. » (Cours de Droit civil français, t. II, n° 954). Nous ferons remarquer que cette manière de voir est illogique, même dans le système de l'annulabilité ; car, d'une part, la garantie n'est au fond que la délivrance continuée ; d'autre part, les partisans de ce système reconnaissent avec nous que le vendeur de la chose d'autrui ne peut pas être obligé d'effectuer la délivrance de la chose ; or, s'il ne peut pas être obligé d'effectuer la délivrance en nature, pourquoi serait-il forcé de l'effectuer sous forme de dommages et intérêts ? Ainsi, au moment où nos adversaires nous font le reproche immérité de tomber dans une inconséquence, ils se jettent dans une contradiction. Pour nous, nous le répétons, la vente de la chose d'autrui est, comme contrat, un contrat mort-né, qui n'engendre aucune des obligations de la Vente, et à la suite duquel il ne saurait, par conséquent, être question d'obligation de garantie. Si la personne qui a acheté de bonne foi la chose d'autrui, est autorisée à réclamer des dommages et intérêts, c'est parce qu'il y a dans l'acte de vendre une chose qui appartient à un tiers, un *fait* dommageable, qui, comme tout fait de ce genre, donne lieu à une réparation, aux termes des articles 1382 et 1383.

MM. Aubry et Rau (§ 351, texte et note 45) disent qu'on ne peut invoquer ici l'article 1382, parce que cet article est étranger aux fautes contractuelles. L'objection des savants auteurs ne peut évidemment nous atteindre, puisque, dans notre doctrine, le contrat est non avenu, et que la faute du vendeur constitue un simple fait dépouillé de tout caractère contractuel.

L'acheteur de bonne foi a droit à une indemnité, soit que le vendeur ait contracté de mauvaise foi, soit qu'il ait contracté de bonne foi ; l'article 1599 ne distingue pas ; or, *ubi lex non distinguit, nec nos distinguere debemus*. Cette décision est d'ailleurs rationnelle ; quand le vendeur a su que la chose appartenait à un tiers, il a commis un *dol*, en exposant sciemment l'acheteur à une éviction permanente, et quand il ne l'a pas su, il a commis une *faute*, car on ne doit vendre qu'à bon escient. Au surplus, il est incontestable que si les tribunaux sont appelés à accorder des dommages et intérêts dans un cas comme dans l'autre, la fixation du *quantùm* de ces dommages doit varier, suivant qu'il y a eu bonne ou mauvaise foi de la part du vendeur.

M. Maynz (Cours de Droit Romain, § 199) revient
encore dans la note 21 sur l'article 1599, auquel il
paraît très-hostile, et il s'exprime en ces termes :
« Il est à remarquer que le Code Napoléon, dans le
même article 1599, qui proclame la nullité de la
vente de la chose d'autrui, attribue à cette opération des effets légaux, en imposant au vendeur,
même de bonne foi, l'obligation éventuelle de payer
des dommages et intérêts. Or, jamais un acte nul
ne peut obliger les parties à quoi que ce soit, *à
moins qu'elles ne soient coupables de dol, ou au
moins de faute.* » Est-ce qu'aux yeux de M. Maynz,
le vendeur qui a dit : « Je vous transfère la propriété de tel objet et qui ne l'a pas transférée, serait, de nos jours, exempt de dol et même de faute ?
Nous ne le pensons pas. L'éminent jurisconsulte,
en rédigeant cette note, a commis, ce nous semble,
une inadvertance caractérisée.

Le vendeur doit-il des dommages et intérêts à
l'acheteur de bonne bonne foi, même dans le cas
où la chose aurait péri depuis la vente, par cas
fortuit ? Cette question a été posée par le Consul
Cambacérés, dans la discussion qui s'est engagée
au Conseil d'Etat (Fenet, t. 14, p. 24), et M. Tronchet
y a répondu dans les termes suivants : « La perte
de la chose ne change rien à l'engagement du vendeur, car, dès le principe, il était dans l'impuissance de livrer la chose vendue ; or, c'est de cette
impuissance, qui rendait le contrat inexécutable,
que naît l'obligation de payer des dommages-intérêts. »

Pour notre compte, nous trouvons peu juridique l'idée de faire payer , par un vendeur, des dommages dont, en définitive, il n'est pas l'auteur réel, et si la doctrine de M. Tronchet doit triompher, nous espérons que la circonstance que la chose a péri par cas fortuit, exercera une influence sérieuse pour la diminution du *quantùm* de l'indemnité.

Le moment est venu d'indiquer les bases sur lesquelles doit se faire l'arbitrage des dommages et intérêts, dus à l'acheteur qui a ignoré les vices de la vente. Ces dommages se calculent sur le préjudice effectif résultant de l'éviction, et sur l'intérêt que l'acheteur pouvait avoir à conserver la chose. Toutefois, il résulte d'un arrêt de la Cour de cassation, en date du 19 mai 1863 (D. P. 1863, 1, 431), que les dommages et intérêts ne doivent, dans aucun cas, excéder la valeur de la chose au moment de l'éviction. Il est bien entendu, d'ailleurs, que le remboursement des frais et loyaux-coûts du contrat doit être compris dans le montant de l'indemnité, et, pour cela, nous n'invoquons pas l'article 1630, car les principes de la garantie ne peuvent trouver leur application qu'en présence d'un contrat valable, il nous suffit de nous référer au droit commun des articles 1149 et suivants, duquel cette décision ressort implicitement. Au surplus, nous le répétons, les tribunaux doivent, dans la fixation du *quantùm* des dommages-intérêts, prendre en considération la bonne foi ou la mauvaise foi du vendeur ; le juge jouit à cet égard d'un pouvoir discrétionnaire.

Quand la chose, dont l'acheteur est invincé par

le véritable propriétaire, a pris, depuis la vente, une plus-value très-considérable et tout à fait imprévue, par suite d'une circonstance quelconque, telle que la construction d'un chemin de fer, l'établissement d'une station d'eaux, etc..., les dommages et intérêts peuvent-ils être fixés au-dessous de la valeur de cette chose au moment de l'éviction ? Par application des articles 1150 et 1151, nous répondrons au moyen d'une distinction. Si le vendeur est de mauvaise foi, il devra être condamné jusqu'à concurrence de la plus-value existante. Si, au contraire, il est de bonne foi, il ne devra être condamné que jusqu'à concurrence de la plus-value que l'on pouvait prévoir. Au reste, l'équité la plus vulgaire s'oppose à ce qu'un vendeur, qui a ignoré les vices de la vente, puisse être ruiné par une indemnité exorbitante, cinq ou six fois supérieure à la valeur originaire.

M. de Folleville, dans son *Essai sur la vente de la chose d'autrui* (n° 131), propose au vendeur, qui veut échapper à une indemnité ruineuse, fondée sur une plus-value survenue *depuis* la vente, un moyen assez original. « Aux termes de l'article 1674, dit cet auteur, si le vendeur a été lésé de plus des sept douzièmes dans le prix d'un immeuble, il a le droit de demander la rescision de la vente, quand même il aurait expressément renoncé, dans le contrat, à la faculté de demander cette rescision. Eh bien, si par suite de l'étendue extrême du recours, le vendeur est exposé à subir une lésion de plus des sept douzièmes, il pourra répondre à l'action de l'acheteur par une demande reconventionnelle en rescision de la vente. » La décision est ingénieuse, mais peu juridique ; elle détourne singulièrement l'article 1674 du but que le législateur a entendu lui marquer ; de plus, elle est illogique de la part d'un auteur qui déclare la vente de la chose d'autrui frappée d'une nullité radicale, car il est évident qu'il ne saurait être question de rescinder, pour une cause ou pour une autre, un contrat qui de lui-même est absolument nul et non avenu ; enfin, elle est anéantie par l'article 1675.

Ici se place encore une autre question : celle de savoir à quels règlements de compte donnent lieu les dégrations, ou, à l'inverse, les impenses faites sur l'immeuble d'autrui par l'acquéreur de bonne foi. D'abord, en ce qui concerne les dégradations, l'acheteur de bonne foi peut, à notre avis, se retrancher derrière la maxime « *qui rem quasi suam neglexit, nulli querelæ subjectus esse potest,* » et il ne doit être poursuivi que par l'action *de in rem verso,* c'est-à-dire qu'il ne doit l'être qu'autant que ces dégradations auraient tourné à son profit et jusqu'à concurrence seulement de ce profit. Quant aux impenses, nous pensons, avec la plupart des auteurs, qu'il faut appliquer la distinction de droit commun entre les impenses nécessaires, utiles, voluptuaires, et de simple entretien :

1º Dépenses *nécessaires*. L'acheteur évincé a droit à leur remboursement intégral.

2º Dépenses *utiles*. L'acheteur a le droit d'en

exiger le remboursement jusqu'à concurrence de la plus-value réelle.

3° Dépenses *voluptuaires*. Il ne saurait exiger aucune indemnité ; néanmoins, il est admis à enlever tout ce qui peut l'être sans détériorer les lieux.

4° Dépenses de *simple entretien*. Ces dépenses étant une charge des fruits et revenus, elles ne donnent lieu à aucune indemnité.

§ II. — L'acheteur de la chose d'autrui, lorsqu'il est de bonne foi, gagne les fruits naturels et industriels, il les fait siens, comme on dit dans le langage juridique, par le seul fait de la *perception* (et non par la *consommation* comme en droit romain). Quant aux fruits civils, quoique la question soit controversée, nous pensons qu'il les gagne également par la perception et non par application de l'article 586 (MM. Aubry et Rau, § 206, texte et note 29).

Les partisans du système de l'annulabilité déclarent ces solutions exactes, mais incompatibles avec notre doctrine de la nullité absolue de la vente ; ils affirment qu'une vente radicalement nulle ne peut constituer le titre que l'article 550 exige pour justifier la bonne foi nécessaire à l'acquisition des fruits. Afin d'éviter des redites, nous leur répondrons dans le paragraphe suivant.

§ III. — L'acheteur de bonne foi a la faculté de prescrire par dix ou vingt ans la chose d'autrui qui lui a été livrée en exécution de la vente, car cette vente, malgré sa nullité contractuelle, constitue le juste titre exigé par l'article 2265. Cette proposition soulève également des protestations dans les rangs de nos adversaires ; « comment, s'écrient-ils, ose-t-on prétendre qu'un contrat nul, non avenu, est susceptible de former un juste titre ? C'est une hérésie. »

Ces récriminations ne nous émeuvent aucunement. Toutefois, disons-le en passant, nous sommes étonné de voir un défenseur du système de la nullité absolue, M. de Folleville, tenir le même langage que les partisans de l'annulabilité (n° 69) ; puis, par une contradiction qu'il excuse de son mieux, terminer en admettant la prescription de dix à vingt ans, au lieu de proposer logiquement celle de trente ans.

Nous ne savons vraiment pas quelle idée ces jurisconsultes se font du juste titre ; en tout cas, elle nous paraît irraisonnée et fort exagérée. Quant à nous, voici ce que nous en pensons : le juste titre n'est (quoiqu'en disent certains auteurs) qu'un fait matériel, destiné, dans l'esprit du législateur, à justifier, à démontrer le fait moral de la bonne foi. Le législateur a pensé que pour prescrire par dix ou vingt ans, ou pour acquérir les fruits, il ne suffisait pas d'une bonne foi quelconque, d'une bonne foi grossière et non justifiée, il a pensé qu'elle devait être expliquée et légitimée par ce fait, qu'il y a eu entre le possesseur et son auteur un acte qui, émanant du véritable propriétaire,

aurait été translatif de la propriété (vente, donation, etc.). Ce fait, qu'on aurait pu appeler plus
exactement *titre apparent*, on l'a appelé *juste
titre*; or, nous soutenons qu'il existe bien carac-
térisé dans la vente de la chose d'autrui. Qu'importe, en effet, que le contrat soit inexistant
comme contrat générateur d'obligations ? Est-ce
que le fait matériel de la vente, est-ce que le
titre apparent qui explique la bonne foi n'existe
pas !

Il est vrai, qu'en ce qui concerne l'usucapion de
la propriété par dix ou vingt ans, le législateur
s'est montré plus difficile qu'à l'égard de l'acquisition des fruits, et qu'il a exigé dans l'article 2267
que le juste titre fut exempt de vices de forme, en
matière d'usucapion décennale ou vicennale ; mais,
d'une part, cette décision n'est que très-naturelle,
car l'usucapion de la propriété est chose grave,
et l'on ne doit aucune faveur à une personne assez
naïve pour croire un contrat solennel valable sous
signature privée ; d'autre part, elle ne touche en
rien au titre résultant de la vente de la chose
d'autrui. Nous sommes donc surpris de voir M. de
Folleville s'armer de l'article 2267 pour prétendre
que la vente de la chose d'autrui « manque des
conditions de forme, » quand il est notoire que la
vente n'est pas un contrat solennel et qu'elle n'est
soumise à aucune condition de forme.

Ainsi, non-seulement nous disons, avec tous les
auteurs, que l'acheteur de bonne foi acquiert les
fruits et qu'il a la faculté de prescrire par dix ou

vingt ans, mais encore nous soutenons que cette manière de voir n'implique pas la moindre contradiction avec la doctrine de la nullité absolue, parce que ces avantages sont attachés, non pas à la validité du contrat, mais à la bonne foi justifiée et corroborée par certains *faits*, le *fait* de la possession, et le *fait* de la vente apparente.

CHAPITRE V.

Nous allons exposer brièvement la situation du véritable propriétaire de la chose vendue.

Dans ce but, et pour plus de clarté, nous croyons devoir nous placer d'abord dans l'hypothèse d'une vente immobilière, puis ensuite dans l'hypothèse d'une vente mobilière.

§ I. — Le véritable propriétaire de *l'immeuble* vendu n'a pas besoin, pour rentrer en possession de son bien, d'invoquer la nullité édictée par l'article 1599. Il peut revendiquer l'immeuble directement ; car, d'une part, la vente qui est intervenue ne saurait porter atteinte à son droit de propriété, dont l'inviolabilité est consacrée par plusieurs articles du Code civil, notamment par l'article 545 ; d'autre part, ce contrat n'est jamais qu'une *res inter alios acta*, qui, aux termes de l'article 1165, est impuissante à l'engager.

Le principe que deux personnes ne peuvent, par aucune convention, ébranler le droit de propriété d'un tiers, est tellement rationnel et certain, que toutes les législations l'ont proclamé, que les Romains eux-mêmes, qui admettaient la validité de la vente *alienæ rei*, l'ont sans cesse respecté (voir ci-dessus, Droit Romain, chapitre IV), et que son énoncé paraît presque naïf à force d'évidence.

Mais si la convention, intervenue entre le vendeur et l'acheteur de l'immeuble d'autrui, est absolument inefficace à l'encontre du maître légitime, il n'en est pas de même de la possession qui peut la suivre. Si cette possession se prolonge pendant le laps de temps déterminé par la loi, si elle atteint le délai fixé pour l'usucapion, le propriétaire se trouve dépouillé de son action en revendication et de sa chose (sans parler de la perte des fruits). Toutefois, il peut se faire que ce dernier ne soit pas privé de toute ressource après la perte de son action en revendication, et il importe d'établir ici une distinction. Si l'immeuble a été usucapé par la prescription de trente ans, en vertu de l'article 2262, le véritable propriétaire est dépourvu de toute ressource, son recours contre le vendeur étant également prescrit ; mais, si l'immeuble a été usucapé par dix ou vingt ans, ce propriétaire se trouve alors avoir devant les mains, vingt ou dix ans, pour actionner le vendeur et obtenir de lui la réparation du dommage qu'il a subi. Au surplus, nous ferons remarquer que les dommages et intérêts qu'il convient d'infliger au vendeur à titre de réparation, doivent comprendre, non-seulement la valeur de l'immeuble au jour de la vente, mais encore la plus-value par lui acquise au jour de la demande. Sans cela, en effet, le propriétaire ne serait pas *indemnisé* dans toute l'acception de ce mot. En ce sens, nous citerons un arrêt de la Cour de cassation, en date du 20 juillet 1852 (D. P. 1852, 1, 247).

Dans le cas où le maître légitime ne pourrait pas être réintégré dans sa propriété, non pas à cause de l'accomplissement de l'usucapion, mais à cause de la perte de l'immeuble, il se trouverait également autorisé à recourir contre le vendeur et à lui demander des dommages-intérêts dont le *quantùm* est abandonné à l'appréciation des tribunaux.

§ II. Le véritable propriétaire du *meuble* vendu, peut le revendiquer utilement contre l'acquéreur, chaque fois que celui-ci n'est pas en mesure de lui opposer la règle *En fait de meubles, possession vaut titre.* Or, l'acquéreur ne peut invoquer cette règle : 1° quand il est de mauvaise foi ; 2° quand il s'agit d'une chose possédée de bonne foi, mais volée ou perdue depuis moins de trois ans (article 2279, al. 2).

Dans le premier cas, le propriétaire a trente ans pour agir en revendication contre l'acquéreur de mauvaise foi (article 2262) ; dans le second cas, il a trois ans si la vente suit immédiatement le vol ou la perte ; mais si elle se produit, un an, ou deux ans, ou trois ans après cet événement, il n'a plus devant lui que deux ans, ou un an, ou il est privé de son action. (Nous avons déjà dit ailleurs, ch. II, section IV, qu'il ne s'agit pas ici d'une prescription résultant de la possession, mais d'une déchéance s'accomplissant par le délai préfix de trois ans.)

On le voit, notre législation n'a pas admis le principe romain : *Rei furtivæ æternà auctoritas esto.*

Lorsque le propriétaire est dans l'impossibilité

de revendiquer l'objet, et de rentrer dans sa possession, parce que l'acquéreur se trouve en mesure d'invoquer la règle *En fait de meubles...*, il peut recourir contre le vendeur pour se faire indemniser de la perte que celui-ci lui a fait subir. Il peut également recourir contre lui, dans le cas où il n'est rentré en possession de l'objet qu'en remboursant le prix d'achat, conformément aux dispositions de l'article 2280.

Tous les vendeurs du meuble d'autrui, poursuivis par le maître légitime, doivent-ils être traités sur le pied d'égalité ? Evidemment non. Nous pensons qu'il faut établir des distinctions entre : 1° le vendeur qui, lui-même, a acquis la chose *à titre onéreux* de quelqu'un qui n'était pas propriétaire ; 2° le vendeur qui a reçu la chose *à titre gratuit* ; 3° le vendeur qui s'en est emparé par le vol, l'abus de confiance, l'escroquerie, ou l'invention.

1° En ce qui concerne le vendeur qui, lui-même, a acquis le meuble à titre onéreux, d'une personne qui n'était pas réellement propriétaire, et cela, moyennant un prix, ou une prestation en nature, nous croyons qu'il est à l'abri du recours du propriétaire. En effet, il n'y a aucune raison de lui faire supporter la perte, de préférence à ce dernier. Cependant, si la rétrocession avait atteint un prix de beaucoup supérieur à l'acquisition, on pourrait attribuer l'excédant au maître légitime. En outre, s'il était prouvé que le vendeur a acquis et revendu le meuble, sachant qu'il appartenait à un tiers, le juge pourrait le condamner à des dommages et intérêts par application de l'article 1382.

2º Quant au vendeur qui a reçu la chose à titre gratuit, c'est-à-dire par suite d'une donation ou d'un legs, il pourra être contraint de restituer le prix de la vente au propriétaire, et cela en vertu de la règle d'équité naturelle : Nul ne doit s'enrichir aux dépens d'autrui (M. Troplong, Vente, t. I, nº 243).

3º Enfin, lorsque le vendeur, que le propriétaire poursuit dans le but de se faire indemniser, se trouve être le voleur, l'escroc, ou l'inventeur, il est évident que le poursuivant a le droit de prétendre (comme réparation civile), non pas seulement au prix de la vente, car ce prix est peut être inférieur à la valeur de la chose, mais à la valeur réelle du meuble, augmentée, s'il y a lieu, d'une certaine somme payée à titre de dommages et intérêts.

Par quel laps de temps, l'action personnelle du véritable propriétaire contre le vendeur du meuble d'autrui, se prescrit-elle ? Par trente ans. Toutefois, une discussion célèbre s'engage à ce sujet, lorsque le vendeur s'est criminellement emparé de l'objet et que cet acte constitue, par exemple, un vol. On fait observer, qu'aux termes des articles 637 et 638 du Code d'instruction criminelle, l'action publique et l'action civile se prescrivent par le même laps de temps, c'est-à-dire par dix ans s'il s'agit d'un crime, par trois ans s'il s'agit d'un délit ; qu'en outre, le délai fixé pour l'extinction de l'action civile est toujours le même, que cette action soit portée devant les tribunaux répressifs concurremment avec la poursuite du ministère public, ou qu'elle soit portée devant les tribunaux civils ; donc, dit-on, le propriétaire ne peut plus après les dix ans, ou après les trois ans (suivant qu'il s'agit d'un crime ou d'un délit), actionner le vendeur pour la réparation du dommage. L'argument, nous l'avouons, est pressant ; cependant, il serait déplorable de voir un vendeur du meuble d'autrui, échapper plus promptement que les autres à la poursuite du propriétaire, par la raison que c'est un voleur. La question a été souvent discutée à propos de la revendication du maître légitime intentée contre le voleur lui-même, postérieurement à la prescription du crime ou du délit. Certains auteurs enseignent que si le voleur, dans cette hypothèse, se retranche derrière la règle *En fait de meubles, possession vaut titre*, le revendiquant pourra triompher de sa résistance, en prouvant habilement sa mauvaise foi, sans prouver le vol. Peut-être devrait-on, dans notre espèce, proposer une solution analogue.

POSITIONS.

DROIT ROMAIN.

I. — Lorsque la chose a diminué de valeur, au moment de l'éviction, la condamnation prononcée contre le vendeur peut descendre au-dessous du prix de vente.

II. — L'acheteur évincé n'a pas droit à la restitution du prix, quand le vendeur a stipulé la non-garantie.

III. — La vente d'une chose hors du commerce ne devient pas valable par le dol du vendeur.

IV. — Le vendeur devait manciper, ou céder *in jure*, la chose qui était *res mancipi*, même en l'absence d'une convention expresse.

DROIT CIVIL FRANÇAIS.

I. — La promesse de vente ne constitue pas, aux termes de l'article 1589, une vente actuelle.

II. — Le possesseur de bonne foi gagne les fruits civils par la perception.

III. — Les aliénations immobilières consenties par l'héritier apparent ne sont pas valables.

IV. — Le vendeur de la chose d'autrui peut invoquer la nullité de l'article 1599 par voie d'exception et par voie d'action.

V. — La prescription de l'action publique acquise au voleur, ne fait pas perdre nécessairement au véritable propriétaire son action en revendication.

DROIT CRIMINEL.

I. — L'exception de compétence peut être proposée devant la Cour d'assises.

II. — Quand un condamné par contumace se présente et subit un débat contradictoire devant la Cour d'assises, c'est le Jury qui doit résoudre la question de son identité.

DROIT DES GENS.

I. — L'usucapion et la prescription n'ont pas lieu entre Nations.

II. — Un état neutre viole la neutralité, lorsqu'il laisse construire et équiper dans ses ports des navires de guerre destinés à la marine d'un belligérant.

HISTOIRE DU DROIT FRANÇAIS.

Les établissements publiés en 1270 sont l'œuvre libre de quelques jurisconsultes.

Vu :
Nancy, le 29 mai 18 79
Le Président de la thèse
A. LOMBARD.

Vu par le Doyen de la Faculté.
Nancy, le 29 mai 1879.
PH. JALABERT.

Vu et permis d'imprimer.
Nancy, le 29 mai 1879.
Le Recteur,
JACQUINET.

TABLE DES MATIÈRES.

DROIT ROMAIN.

		Pages.
CHAPITRE I.	— De la validité de la vente de la chose d'autrui.	5
SECTION I.	— Motifs de cette validité	6
SECTION II.	— Exceptions à la validité de la vente de la chose d'autrui	23
§ 1.	— Vente de la chose volée.	23
§ II.	— Vente de la chose appartenant à l'acheteur.	26
CHAPITRE II.	— Des obligations du vendeur de la chose d'autrui.	33
SECTION I.	— De l'obligation de livrer	34
SECTION II.	— De l'obligation de bonne foi.	39
SECTION III.	— De l'obligation de garantie des vices de la chose.	42
SECTION IV.	— De l'obligation de garantie du chef d'éviction .	43
§ I.	— De l'obligation de garantie résultant naturellement du contrat de vente.	45
§ II.	— De l'obligation de garantie modifié par des conventions restrictives ou extensives.	64
§ III.	— De l'exception de garantie.	73
CHAPITRE III.	— Des obligations de l'acheteur de la chose d'autrui	77
CHAPITRE IV.	— Des effets de la vente de la chose d'autrui à l'égard du propriétaire.	80
CHAPITRE V.	— De l'acquisition de la propriété survenue chez le vendeur de la chose d'autrui postérieurement à la vente et de ses effets	89

ANCIEN DROIT.

DROIT FRANÇAIS.

CHAPITRE I.   — Origine et caractère de la nullité qui frappe la vente de la chose d'autrui dans le Code de 1804. 113

CHAPITRE II.   — Des cas qui tombent sous l'application de l'article 1599 et de ceux qui n'y tombent pas. .   139

SECTION I.   — Des cas dans lesquels il faut appliquer l'article 1599.   140

SECTION II.   — Des cas dans lesquels la nullité prononcée par l'article 1599 n'est pas applicable   147

SECTION III.   — Des cas sujets à controverse.   153

SECTION IV.   — Du cas où l'application de l'article 1599 est paralysée par l'application de l'article 2279, al. 1.   166

CHAPITRE III.   — Des effets pratiques de la nullité absolue qui s'attache à la vente de la chose d'autrui . . .   174

CHAPITRE IV.   — Des droits et des avantages accordés à l'acheteur de bonne foi.   187

CHAPITRE V.   — De la situation du véritable propriétaire. . . .   199

POSITIONS.   205

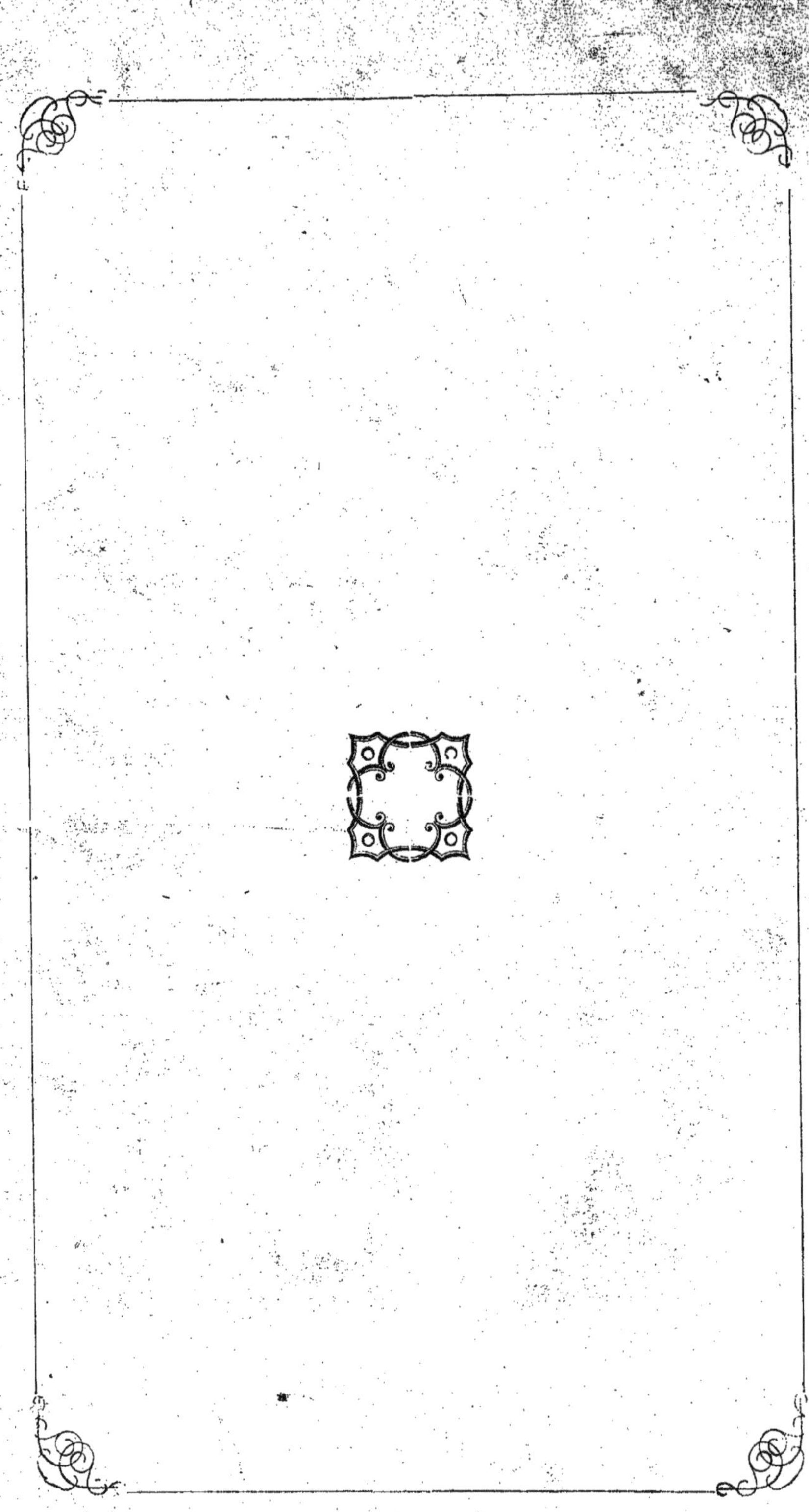

www.ingramcontent.com/pod-product-compliance
Ingram Content Group UK Ltd.
Pitfield, Milton Keynes, MK11 3LW, UK
UKHW021517090726
13657UKWH00001B/290